Rolf Marfeld
Eva Lorenz

F wie Friesland

„De beste stuurlui staan aan wal."
„Die besten Steuerleute stehen an Land."

(Niederländisches Sprichwort)

Rolf Marfeld
Eva Lorenz

F wie Friesland

Der etwas andere Revierführer für Motorboot-Skipper

Erfahrungen – Impressionen – Tipps – Rezepte
für Anfänger und Fortgeschrittene

FSC
www.fsc.org
MIX
Papier aus ver-
antwortungsvollen
Quellen
Paper from
responsible sources
FSC® C105338

Die Deutsche Nationalbibliothek verzeichnet diese Publikation in der Deutschen Nationalbibliografie; detaillierte bibliografische Daten sind im Internet über http://dnb.dnb.de abrufbar.

3. erweiterte und aktualisierte Auflage
© 2024 Rolf Marfeld; Eva Lorenz

Illustration: Rolf Marfeld
Umschlagfoto: © Eva Lorenz

Verlag: BoD · Books on Demand GmbH, In de Tarpen 42, 22848 Norderstedt
Druck: Libri Plureos GmbH, Friedensallee 273, 22763 Hamburg

ISBN: 978-3-7597-7534-4

Inhalt

Prolog

„Ich möchte mal wieder mit dem Boot durch Holland fahren!" Rolf saß zusammen mit Eva eines sonntags morgens gemütlich im Bett bei einem Becher Tee und studierte die Reisebeilage der Wochenendzeitung, welche sich in einem begeisterten Artikel mit den Freuden des Schiffs-Charters befasste. Alles sooo einfach – wie Autofahren – und diese Freiheit, allein mit der Natur, morgens der dezente Weckruf durch ein dahindüm-pelndes Entenpaar, abends gol-dene Sonnenuntergänge über dem Wasser, dazwischen grüne Wiesen, sanfter Wind und würzi-ge Seeluft.

Rolf

Die Reaktion auf der anderen Seite des Betts war sehr verhal-ten, eher nicht existent. Eva kramte gerade in ihrer Erinne-rungskiste, Schublade ‚Christliche Seefahrt'. Was dort hervorkam, war nicht dazu angetan, in Begeisterung auszubrechen, und wurde nun komprimiert in dem Statement: „Ich glaube, das ist nichts für mich, da werde ich immer seekrank. Und außerdem ist es teuer, und wir können einen solchen Törn nicht mal soeben dazwischen schieben, weil unsere knappen Urlaubstage schon auf längere Sicht ander-weitig verplant sind."

„Das war's dann wohl" dachte Rolf. Man schrieb das Jahr 1990.

Ein gutes Jahr später ergab sich die Möglichkeit, mit einer Fähre von Kiel nach Oslo und zurück zu reisen. Mit einer gehörigen Portion Mühe hatte

Rolf seine Eva überreden können, dass solche Autofähren mit ca. 200 Metern Länge und fast 30 Metern Breite wie ein Brett auf dem Meer lägen. Da bleibe wenig Raum für Seekrankheit. Nun gut, Eva ließ sich breitschlagen, ihre Seefestigkeit wieder einmal auf die Probe zu stellen. Dann die Überraschung: Bei Eva und Rolf auf der gesamten Route über das schwierige Kattegat und das berüchtigte Skagerrak keine Spur von Seekrankheit und keine Übelkeit, wenn man diskret von zu viel Lachs und Hering zum Frühstück absieht.

Im Jahr darauf entdeckten Eva und Rolf ihre Liebe zu Sizilien. Aber wie kommt man dorthin, ohne Jahr für Jahr bis Palermo mit dem Auto durch viele schon oft bereiste Regionen Italiens fahren zu müssen? Richtig, per Schiff. Also kaufte man in Genua ein Ticket für Auto und Kabinenpassage,

Eva

und ab ging es über Nacht und den nächsten Tag in die sizilianische Hauptstadt – alles ohne Probleme. In den Folgejahren wurde dieses Verkehrsmittel zum Standard, hinzu kamen Kurztrips zwischen den Liparischen Inseln mit Schiffen kleineren Ausmaßes. Jetzt hatte sich endlich herauskristallisiert: Seekrankheit als Ausrede galt nicht mehr.

Deshalb zweiter Anlauf Rolf: „Ich möchte mal wieder mit dem Boot durch Holland fahren!" Aber da tauchten bei Eva neue Bedenken auf. Sie hatte das Segelboot eines Freundes kennen gelernt Das war nicht gerade klein, aber was sich insbesondere bei Eva eingeprägt hatte: Es war eng, eng, eng, selbst sie mit ihren 1,57 m konnte nicht aufrecht stehen, ein zweiflammiger Campingkocher, eine Außen(!)dusche und – horribile dictu – ein Chemieklo. Fazit: „Also, in sowas kriegst du mich nicht rein! Selbst wenn ich noch keine Klaustrophobie habe, aber da würde ich mit Sicherheit eine entwickeln!"

Heißt das, alles wieder auf Null? Was tun? Vorsichtig tastete Rolf sich vor: „Lass uns doch einfach im Januar auf die BOOT fahren. Auf der Messe kannst Du Dir dann ein paar Yachten anschauen und Dir ein eigenes Urteil bilden." Vielleicht war es das Wort ‚Yachten', was allein schon edel und nobel klingt, vielleicht war es aber einfach nur die Einstellung „Sei's drum, kann man nichts mit falsch machen. Vielleicht gibt der Alte dann endlich Ruhe". Jedenfalls besuchten die beiden gemeinsam die Messe und dort natürlich die Hallen mit den Motoryachten und den niederländischen Charterbetrieben. Und siehe da: Staunen und Wundern bei beiden über Größe, Geräumigkeit und Ausstattung der ausgestellten Boote. Eigentümlicherweise zog es unser Pärchen immer in die Nähe von ganz bestimmten Schiffstypen, von denen sie meinten, deren Form sei ganz besonders ‚schiffig', und mit so etwas könne man sich vielleicht gemeinsam anfreunden.

Rolf atmete auf. Geschafft? Mitnichten!

„Willst du etwa so ein Ungetüm von 10 bis 12 Metern Länge fahren? Ich fahre nicht mit, wenn du keinen Führerschein hast!" Na ja, immerhin kann es ja auch Spaß machen, wieder einmal die Schulbank zu drücken. Also ab zur Volkshochschule in den Kursus ‚Sportbootführerschein Binnen'. Das klappte einschließlich Prüfung so gut, dass Rolf noch den ‚Sportbootführerschein See' anschloss.

Nun waren alle Einwände ausgeräumt mit Ausnahme der Argumente ‚Finanzen' und ‚knappe Urlaubstage'. Das erledigte sich aber dadurch, dass die beiden das Skifahren wegen Überfüllung der Alpen aufgaben, was gleichzeitig Geld und Zeit freisetzte.

Inzwischen fahren unsere beiden Akteure seit vielen Jahren mit unterschiedlichen Schiffen über Kanäle und Seen (niederländisch = *meer*) in Friesland und haben dabei eine ganze Menge netter und ein paar weniger nette Erfahrungen gesammelt. Anhand eines Törnvorschlags einschließlich einer Reihe von Abstechern lernt der Leser/die Leserin zahlreiche friesische Orte, Seen und Kanäle kennen, bekommt Tipps zur Position von ruhigen, naturnahen Liegeplätzen, erfährt etwas über Fallstricke der Seefahrt, erlebt aber auch eindrucksvolle und romantische Momente und bekommt Anregungen, welche schmackhaften Gerichte man mit einfachen Mitteln an Bord zubereiten kann.

Vorbereitungen zu Hause

Törnplanung

So eine Reise durch Friesland will gut vorbereitet sein.

Das *Un*wichtigste daran ist eine genaue und straffe Planung, wann man auf welchem Weg wohin fahren will und an welchem genauen Liegeplatz man anlegen möchte. Das ist nämlich die beste Methode, um später an einem ganz anderen Ort zu landen. Denn in aller Regel wird man diesen exakten Plan über den Haufen werfen.[1] Unterwegs gelangt man häufig an schöne Stellen, an denen man gerne einmal eine kleine Rast einlegt, um die Stille der Natur oder das schöne Wetter auf dem Achterdeck zu genießen. Oder man verbringt in beschaulichen Dörfern, historisch und städtebaulich interessanten Städten oder turbulenten Wassersportzentren die eine oder andere ungeplante Stunde, um herumzuflanieren, zu shoppen, ein *kopje koffie* mit einem allgegenwärtigen *appelgebak* zu sich zu nehmen und/oder um die Geschicklichkeit anderer Freizeit-Seebären vor Brücken und in Schleusen zu beobachten. Ob man zudem genau am vorab ausgesuchten Liegeplatz anlegen kann, ist unter anderem von der Jahreszeit und vom aktuellen Wetter abhängig. In der Ferienzeit ist man bisweilen dazu gezwungen, wegen großen Schiffsaufkommens im Päckchen zu liegen oder einen anderen Platz zu suchen (wir ziehen letzteres vor). An sonnigen Wochenenden muss man davon ausgehen, dass jeder Friese, der über ein schwimmfähiges Fahrzeug verfügt, auf Seen und Kanälen unterwegs ist. Besonders viel Betrieb herrscht dann noch, wenn Windstärken um die 3 bis 4 optimales Segelwetter versprechen.

Wird es noch windiger, dann kann es für Motorboote etwas ungemütlich werden, und man sollte seine Route und die Wahl des Liegeplatzes den widrigen Wetterverhältnissen anpassen. Vor allem heißt das in der Regel: Kein Ausflug aufs Ijsselmeer, denn das haben die Charterunternehmen nicht gerne und verbieten es üblicherweise auch im Mietvertrag.

---

[1] Schon Lao-Tse hatte weiland festgestellt: „Der wahre Reisende hat keinen festgelegten Weg noch will er an ein Ziel." Das mit dem Ziel sollte man aber nicht allzu wörtlich nehmen, denn irgendwann will das Charterunternehmen natürlich sein Schiff zurück.

Kurz: Unser Törn unterliegt einer Reihe von Unwägbarkeiten. Trotzdem sollte man sich schon grob überlegen, ob man für seinen üblicherweise 7-Tage-Charter die Seenplatte südlich von Sneek bevorzugt oder weiter nördlich bis hin zum Lauwersmeer fahren will, oder ob vielleicht die Region Noordwest Overijssel das Zielgebiet werden soll. Alle Regionen haben ihren eigenen Charme, und wer beim ersten Mal nicht alles ‚erfahren' kann, der wird sicherlich wiederkommen, um den Rest zu entdecken.

Knoten, Knoten, Knoten

Aber statt in Gedanken schon unterwegs zu sein, sollten wir jetzt erst einmal mit den Vorbereitungen zu Hause beginnen. Die fangen bereits im Kopf an. Lassen Sie die Abläufe eines An- und Ablegemanövers vor Ihrem geistigen Auge immer wieder vorbeiziehen[2]. Selbst wenn in Prospekten ständig behauptet wird, Bootfahren sei wie Autofahren, glauben Sie das nicht! Ein Auto kennt keine Strömungen und keinen auflandigen oder ablandigen Wind. Egal von wo der Wind kommt: Ein Auto lässt sich leicht bremsen und einparken, und dann steht es wie festgeschraubt am Straßenrand. Ein Schiff hingegen muss man mit Leinen festbinden (festmachen), damit es nicht vom Ufer weggetrieben wird. Je nach Windverhältnissen muss das zügig vonstattengehen.

Deshalb sollten Sie sich schon vor Beginn Ihrer Reise mit einigen Knoten gut vertraut machen, damit die auf Anhieb klappen. Sonst steht möglicherweise später ein Crewmitglied traurig an Land und schaut frustriert dem Schiff samt Skipper hinterher, weil beide wegen nicht funktionierender Verknotung vom Wind abgetrieben wurden und der Skipper aufs Neue einen Anlegeversuch starten muss.

Bücher über Seemannsknoten gibt es zu Hauf[3], und im Internet findet man eine Vielzahl von Anleitungen, wie man Seemannsknoten herstellt.

---

[2] Hilfreich ist hierbei z.B. *Bobby Schenk*, **Hafenmanöver**, 15. Auflage 2018, 127 Seiten, ISBN: 9783667113252

[3] Hier zwei Beispiele: Für Einsteiger gibt es ein kurzgefasstes Büchlein **Knoten - Schritt für Schritt erklärt**, 16. Auflage 2023, 32 Seiten, ISBN: 978-3-667-12785-3. Für Knotenfreaks und Seilartisten könnte das Knotenhandbuch der Royal Yachting Association interessant

Welche Knoten wichtig für Ihren Törn sind, hängt von den Festmachmöglichkeiten ab. Die häufigsten, die Sie in Friesland finden, sind:

Wiesenpfähle,
Poller: Dies sind senkrecht in den Boden eingelassene Pfähle, mal rund, mal eckig, in der Regel ca. 50-60 cm hoch. Man findet sie z.B. an Anlegeplätzen der Marrekrite-Stiftung. Zum Festmachen eignen sich der **Webeleinenstek**[4] und der **Pfahlstek**[5] (nicht zu verwechseln mit dem Palstek!).

Kreuzpoller: Kreuzpoller sehen aus wie Poller, sind aber üblicherweise weniger hoch und verfügen über eine eingelassene Querstange knapp unterhalb des oberen Endes. Diese Art von Festmachgelegenheit ist sehr komfortabel. Kreuzpoller sind Bestandteil vieler Marrekrite-Stege neueren Datums. Zum Festmachen geht man ähnlich vor wie beim **Belegen einer →Klampe** (s.u.), indem man die Querstange ähnlich wie die Hörner der Klampe benutzt.

Klampen: Klampen sehen aus wie ein großes „T" mit einem sehr kurzen Fuß. Der Querbalken bildet zwei Hörner, über die die Leine zwei- bis dreimal so gelegt wird, so dass sich alle Seilstränge über der Klampe gegenseitig kreuzen. Abschließend erfolgt ein **Kopfschlag**[6], der den Knoten sichert.

Ringe: Bisweilen sind Ringe in Anlegestege eingelassen oder man findet sie auf der Uferbefestigung von Kanälen in Dörfern. Hier empfiehlt sich für das erste Festmachen ein **halber Rundtörn (oder Bucht) mit zwei halben Schlägen**[7].

---

sein: *Gordon Perry, Steve Judkins*, **Knoten, Spleißen, Fancywork**, 1. Auflage 2011, 224 Seiten, ISBN: 978-3-7688-3335-6

[4] *Webeleinenstek* siehe z.B. http://de.wikipedia.org/wiki/Webeleinenstek

[5] Der *Pfahlstek* wird – zusammen mit anderen Knoten – beschrieben z.B. bei http://www.fregatte-koeln.de/Knoten/knoten.htm

[6] *Kopfschlag* siehe z.B. http://de.wikipedia.org/wiki/Kopfschlag.

[7] *Halber Rundtörn mit zwei halben Schlägen* siehe z.B. https://de.wikipedia.org/wiki/Rundtörn_mit_zwei_halben_Schlägen

Stangen: Stangen sind wie ganz niedrige Geländer (10-15 cm Höhe) in der Regel längsseits von Stegen oder auf Kaimauern in Ortschaften angebracht. Auch hier ist für das erste Festmachen ein **halber Rundtörn mit zwei halben Schlägen** eine geeignete Festmachart (siehe oben).

Nachteil des Festmachens mit diesen Knoten ist, dass das ‚lose' Ende an Land bleibt. Das bedeutet, ein Crewmitglied muss beim Ablegen wieder von Bord, um die Knoten dort zu lösen, und dann schnell zurück aufs Schiff klettern. Das einfachere Verfahren ist, die Leine unter den Hörnern von Kreuzpollern oder Klampen oder durch Ringe oder Stangen hindurch zurück zum Schiff zu führen und an den dortigen Kreuzpollern oder Klampen zu vertäuen. Dann können die Leinen beim Ablegen einfach an Bord gelöst und aufs Schiff zurückgezogen werden. Weniger geeignet ist diese Methode jedoch bei Pollern oder Wiesenpfählen, denn hier können durch Schiffsbewegungen die einfach nur um den Poller geführten Leinen über das obere Ende rutschen und den Halt verlieren.

„Friesenpoller": Neueste Erfindung im Revier ist etwas, was wir einfach „Friesenpoller" genannt haben. Dabei handelt es sich um Poller, die schräg ein Hütchen in Form eines Seerosenblattes aufgesetzt bekommen haben, wie man es sieben Mal in der Flagge der Provinz Friesland findet. Wenn man dort seine Leine drumlegt und an Bord zurückführt, dann kann sie nicht nach oben abrutschen.

"Friesenpoller"

Diese Konstruktionen findet man neuerdings vermehrt an Marrekrite-Plätzen, wo sie die alten Wiesenpfähle ersetzen und in kurzen Abständen nah am Ufer stehen.

Fender: Fender sind ‚Polster' für den Schutz der Bordwand und werden üblicherweise an der Reling festgemacht. Der Webeleinenstek, den wir oben schon für senkrechte Pfähle oder Poller kennengelernt haben, lässt sich auch hierfür verwenden. Am besten ist der **Webeleinenstek auf Slip**[8], den man besonders leicht wieder lösen und dann die Position des Fenders korrigieren kann.

Dummerweise hat man als Hobby- und Gelegenheitsskipper natürlich weder Fender noch Poller noch Klampen oder andere Festmachmöglichkeiten zu Hause rumliegen, damit man im Vorfeld der Reise angemessen üben kann. Jetzt ist Phantasie gefragt. Wir zum Beispiel haben uns zum Üben und Wiederauffrischen unseres Knotenwissens ein Brett besorgt, auf das wir eine Blechdose geschraubt haben, die früher als Verpackung für eine Aperitif-Flasche gedient hat. Das ist unser Übungspoller. Eine Klampe kann man sich aus einem kleinen Holzklotz und einer darauf festgeschraubten Leiste basteln und ebenfalls auf dem Brett befestigen. Stangen finden Sie in Ihrem Badezimmer oder am Balkongeländer, oder Sie benutzen die Querstangen von Stuhllehnen z.B. als Reling. Und wenn Sie einen Fender brauchen: Eine Sprühflasche mit Glasreiniger, an der Sie mit einem halben Rundtörn mit zwei halben Schlägen (s.o.) ein Stück Leine befestigen, erweist sich als geeignetes Übungsgerät. Um den Kauf von drei bis vier Metern Leine, Durchmesser ca. 10 mm, kommt man aber meistens nicht herum. Die gibt es preiswert in einigen Baumärkten. Nehmen Sie sie nicht zu kurz, denn dann können Sie einmal ausprobieren, was man im Ernstfall mit einer zu langen Leine machen kann, vor allem beim Festmachen an Ringen und Stangen. Man kann das freie Ende nämlich auch doppelt nehmen und damit Knoten fabrizieren. Das mutet dann zwar etwas durcheinander an, aber Hauptsache der Knoten hält.

Wir hatten unser Übungsterrain in der heimischen Küche eingerichtet. Immer, wenn wir daran vorbeikamen, hatten wir Gelegenheit, wieder einen Knoten zu knoten. Nun ja, es sieht schon etwas komisch aus, wenn die Hälfte der Küche ‚verkabelt' ist, aber wir stellen jedes Jahr aufs Neue fest: Irgendeinen Knoten hat man doch wieder vergessen, und der muss

---

[8] *Webeleinenstek auf Slip* siehe z.B.
http://de.wikipedia.org/wiki/Webeleinenstek#Fenderknoten_.28Webeleinenstek_auf_S lip.29

Unser "Trainingslager"

aufgefrischt werden. Für uns ist das besonders wichtig, weil wir immer nur zu zweit und außerhalb der Hauptsaison unterwegs sind und gerne in der freien Natur anlegen. Da gibt es dann nur selten hilfreiche Hände an Land, die beim Festmachen Unterstützung anbieten. Es hat sich bei uns einge-spielt, dass meistens Rolf das Anlegemanöver fährt, während Eva an Land springt und das Schiff festmacht. Dass es dabei besonders auf ein gutes Zusammenspiel, gute Nerven, gegenseitiges Vertrauen und feste Knoten ankommt, liegt auf der Hand.

Checklisten für Kleidung, Bett und Küche

Charterfirmen statten ihre Motor-/Hausboote üblicherweise vorzüglich aus. Selbstverständlich ist alles, was zu einem Schiff gehört, an Bord: Über Anker, Festmachleinen und Fender bis zum Verbandkasten und der nieder-ländischen Nationalflagge am Heck (die Sie übrigens auf keinen Fall durch eine andere ersetzen sollten!). Die Haushaltsausstattung ist überraschend umfangreich. Selbst mittel- bis höherpreisige Ferienwohnungen kommen da häufig nicht mit. Für uns ist das deshalb wichtig, weil wir während unserer Ferien tatsächlich auf dem Schiff wohnen. Im Bereich ‚Haushalt' finden Sie an Bord nahezu alles von A bis Z – von Abfalleimer bis Zuckerdose. Sogar Tischblumentopf und Fliegenklatsche sowie Wäscheleine und -klammern können dabei sein. Selbst Reinigunghilfsmittel wie Handfeger und Schaufel, Putz- und Spültücher und bisweilen sogar ein Staubsauger gehören zur Grundausstattung. Kurz: Wenn Sie wie wir nicht nur von Hafen zu Hafen und von Restaurant zu Restaurant fahren, sondern wenn Sie an Bord leben möchten, dann brauchen Sie sich um geeignetes Gerät in der Regel keine Sorgen zu machen.

Trotzdem verwandelt sich etwa eine Woche vor Abfahrt unsere Diele zu Hause in eine Art Warenlager. Warme Jacken, Regenjacken, ärmellose Westen und anderes hängen an der Garderobe, und Körbe und Taschen stehen als Sammelcontainer auf dem Fußboden.

Es empfiehlt sich nämlich zum Beispiel die Mitnahme einiger Verbrauchsprodukte, die jetzt in einen dieser Körbe gepackt werden:

Toilettenpapier, Papierservietten, Küchenrolle, Filtertüten, Spülmittel und Alu-Folie o.ä.

Handtücher, Bettdecken und Bettwäsche gehören meistens nicht zum Standard, können aber bei einigen Charterfirmen gemietet werden.

Wenn Sie das nicht wünschen, dann packen Sie also Bettzeug und Wäsche in ein geeignetes windfestes Behältnis, damit Sie nicht später beim Einräumen des Schiffs mit wehenden Laken auf der Wiese stehen. In dieses Bündel gehören:

- Oberbetten inkl. Bezüge, eigene Kopfkissenbezüge, Betttücher,
- Badetücher, Handtücher, Badematte
- für die Küche einige Geschirrtücher und Küchenhandtücher.

Das Wetter in Friesland kann recht wechselhaft sein. Tröstlich daran ist, dass auf diese Weise auch Regenwetter nicht allzu lange anhält. Trotzdem ist es unangenehm, wenn Sie gerade einen attraktiven Liegeplatz gefunden haben und dann bei Wind und in strömendem Regen zum Festmachen raus müssen. Weil in dieser Situation ein Schirm eher kontraproduktiv ist, haben wir, um nicht nass bis auf die Haut zu werden, immer folgende Dinge dabei (erst einmal aber im Korb und am Garderobenständer):

Gummistiefel, Regenjacke, Regenhose (Überhose), Mütze, gegebenenfalls ein Paar Arbeitshandschuhe.

Fast jeden Morgen ist es erforderlich, Deck und Scheiben vom Nachttau zu befreien, zum einen, weil das Deck sonst schlüpfrig und damit unfallträchtig ist, zum anderen weil man durch beschlagene Scheiben bekanntlich schlecht sieht. Die vorhandenen Hilfsmittel (Schrubber, Putzlappen) sind zwar nützlich, aber wir haben bessere Erfahrungen gemacht mit einem **Teleskop-Besenstiel** und angeschraubtem breiten **Gummiwischer**. Damit erreicht man vor allem die oftmals schwer zu reinigenden Frontscheiben vor dem Steuerstand.

Kulinarisches

Nun zur kulinarischen Kür. Wir wohnen bekanntlich nicht nur gerne auf dem Schiff, wir sind außerdem auch begeisterte Köche. Aber so eine Kombüse, die nun mal bei Weitem nicht so geräumig ist wie unsere Küche zu Hause, stellt eine besondere Herausforderung dar. Der Kühlschank hat ein recht begrenztes Volumen, es gibt so gut wie nie einen Backofen, dafür aber häufig – insbesondere bei Schiffen mit 220V-Bordspannung (OMV) – eine Mikrowelle.

Arbeitsflächen sind nicht gerade im Überfluss vorhanden, und sich zu zweit auf einem Quadratmeter Fläche zu bewegen und ein Abendessen vorzubereiten, bedarf schon einer ausgefeilten Choreographie, wenn man sich beim Kochen nicht ständig auf den Füßen stehen oder mit Pfannenstielen und Holzlöffeln gegenseitig aufspießen will. Aber für uns ist es ein

Mordsvergnügen, mit beschränkten Mitteln auf beschränktem Raum mit beschränkten Zutaten für ein bis zu dreigängiges Abendessen zu sorgen.

Um möglichst schnell starten zu können, empfiehlt es sich, eine Grundausstattung an Nahrungsmitteln von zu Hause mitzubringen. Wir wählen deshalb aus unserer ‚Checkliste Einkaufen' (siehe S. 19) gerade so viel ‚Frisches' und ‚Gemüse' aus, dass wir damit zwei bis drei Tage über die Runden kommen. Im Übrigen macht es Spaß, in Friesland einzukaufen. Hier findet man das schmackhafteste Grünzeug, appetitliches Fleisch, und das Käseangebot besteht nicht nur aus Gouda in drei Altersklassen, sondern in den Kühltheken der Supermärkte und *kaaswinkels* (Käseläden) überraschen auch exquisite Schafs- und Ziegenkäsesorten aus ganz Europa. Käse nach Holland zu transportieren ist wie die berühmten Eulen nach Athen zu tragen.

Sie wollen sich weniger Arbeit machen? Die Supermärkte Frieslands bieten eine unglaubliche Vielfalt an Fertigprodukten sowie vorbereitete und bereits kleingeschnipselte Salate und/oder Gemüse.

Man sollte sich allerdings von der liebgewonnenen Autofahrergewohnheit verabschieden, dass man bis auf den Supermarkt-Parkplatz fahren kann. Das geht mit einem Schiff naturgemäß nicht, und man muss daher seine Einkäufe vor Ort möglicherweise ganz schön weit schleppen. Das ist bei einem Kilogramm Gemüse plus Petersilie plus ein Paket Brühwürfel zwar nicht schlimm, aber mit zwei Bündeln Wasser am Arm sieht die Sache schon mühseliger aus. Berücksichtigen Sie auch, dass Nahrungsmittel- und sonstige Geschäfte in kleineren Orten durchaus einmal fehlen können, in den großen (Wassersport-)Zentren aber zahlreich vorhanden sind.

Zurück zu unseren Einkäufen zu Hause: In unserer Diele steht während der Reisevorbereitungen ein Klappkorb, in dem wir nach und nach unseren Proviant sammeln. Eingekauft wird nach drei Gruppen: Haltbares, Gemüse und Frischwaren (siehe Tabelle auf der nächsten Seite).

Einiges aus der Kategorie ‚Haltbares' wird man sicherlich zu Hause haben, so dass man z.B. Essig und Öl nur in kleinere Flaschen füllen muss, und vielleicht gibt der Keller ein paar Flaschen Wein her. Wer hingegen Bier mag: Auch gut, aber das nimmt mehr Platz weg, und holländisches Bier schmeckt vorzüglich! Im Übrigen: Hände weg vom Alkohol am Ruder! Der

Checkliste Einkaufen

Haltbares, z.B.

Aperitif	Kaffee	Saft
Bohnen (Kidney o.ä.)	Kapern	Schokolade
Bouillonwürfel	Kekse	Senf
Cabanossi-Wurst	Mais	Sprudel
Cracker	Marmelade	Tee
Dosentomaten	Nudeln	Thunfisch (Dose)
Essig	Oliven	Wein
Gewürze	Olivenöl	
Gewürzgurken	Remoulade	

Gemüse, z.B.

Brokkoli	Paprikaschoten
Champignons	Radicchio
Fenchel	Salatgurke
Kartoffeln	Zitronen
Knoblauch	Zucchini
Möhren	Zwiebeln

Frisches (last minute), z.B.

Eier	Milch
Fleischwurst (verpackt)	Parmesan
Frischkäse	Quark
Gnocchi (Frischetheke)	Sahne, Schmand o.ä.
Grau-/Schwarzbrot	Tortellini (Frischetheke)
Käse (verpackt)	Wurst (verpackt)

zulässige Promillesatz Blutalkohol für Bootsführer beträgt genauso wie für Autofahrer 0,5 Promille. Das gilt gleichermaßen für Freizeitschiffer, und die Polizei führt in der Sommersaison regelmäßig Alkoholkontrollen auf den friesischen Gewässern durch. ‚Frisches' kaufen wir zuletzt und erst kurz vor der Abreise und verstauen es in einer Kühltasche, die hinterher, wenn Wurst, Käse und Milchprodukte im Kühlschrank untergebracht sind, weitere gute Dienste z.B. als Brotbehälter leisten kann.

Unser Petersilientopf

Bei unserer Einkaufsliste handelt es sich natürlich nur um Anregungen. Für uns hat sich die Zusammensetzung als praktisch erwiesen. Unterwegs ist es bei Gemüsen und Frischesachen selbstverständlich ratsam, sie entsprechend ihrer Haltbarkeit zu verzehren, also z.B. Champignons, Brokkoli und Radicchio zuerst, wohingegen Paprika, Fenchel, Möhren und Zucchini vielleicht ein paar Tage durchhalten. Das, was wir auf unserer letzten Reise gemacht haben, ist natürlich kein Muss: Wir haben nämlich einen Blumentopf mit Petersilie mitgenommen, die sonst zu Hause vergammelt wäre. Da sie uns den Ausflug mit üppigem Wachstum dankte, haben wir den Rest wieder brav nach Hause zurück transportiert. Und mal ehrlich: Wer hat schon einen Petersilientopf mit Auslandserfahrung?

Dies und das

Das wirklich Wichtige wie aktuelle **Wasserkarten** und **Wateralmanak 1** (Gesetze für die holländischen Gewässer sowie die Funkrichtlinien für Belgien und die Niederlande) sowie **Wateralmanak 2** (Informationen über

Tipps für die Kombüse

*Spätestens gegen 12 Uhr haben wir Hunger und laufen einen netten Liege-platz für unsere ‚**Frühstücks'**-Pause an. Die Himmelsrichtung will klug gewählt sein: Wo steht die Sonne, woher kommt der Wind, oder müssen wir unter Deck essen?*

Wenn man bei schönem Wetter draußen essen will, sollte man die Tischde-cke mit kleinen Gewichten an den Ecken beschweren, damit sie nicht wegfliegt.

*Bei einer **Kochaktion** muss man angesichts der räumlichen Enge die Arbeit gut einteilen und einen strengen Plan mit einigen logistischen und organisatori-schen Überlegungen aufstellen. Wer macht was an welchem Arbeitsplatz? Wie kommt er an das Material? Am besten steht einer am Herd und der andere sitzt am Tisch und bereitet Gemüse vor, das er – dem vorher heiß diskutierten Speise-plan folgend – ordentlich vor sich aufgebaut hat, damit er nicht mehr herumlau-fen muss und im Weg ist.*

Die wichtigste Frage ist natürlich: Was kochen wir heute?

Grundsätzlich gibt es zwei Nahrungsmittel, die wir nicht gerne auf unserem Schiff zubereiten: 1. gebratenes Fleisch, 2. gebratener Fisch (beides wegen der Geruchsentwicklung und der vielen Fettspritzer um den Kochplatz).

Generell entsteht beim Kochen Dampf. Man sollte daher nach Möglichkeit einen Deckel benutzen, andernfalls beschlagen nämlich sämtliche Scheiben und Wände aufs heftigste, und je nach Wetter und Außentemperatur kann das Lüften schwierig und ungemütlich werden.

Außerdem soll die Kochaktion nicht allzu viel Zeit in Anspruch nehmen, und die folgende Spülorgie erst recht nicht.

*Ungeheuer vielfältig sind die Möglichkeiten, aus den aufgezählten Zutaten Speisen zuzubereiten, sei es als Vorspeise, als Beilage, oder als sättigendes Hauptgericht. Einige bewährte **Rezepte** bzw. Anregungen, die sich auch in einer kleinen Bordküche realisieren lassen, finden Sie im Buch verteilt. Tipps für weite-re simple Bordrezepte bietet auch unser Buch Eva Lorenz, Rolf Marfeld, **Gruß aus der Kombüse** - 101 einfache Rezepte für Boot, Camping und Kleinküchen, Books on Demand, Norderstedt, April 2022, ISBN 9783755795544, und Ihrer eigenen Phantasie und Ihrem Variationsgeschick sind natürlich keine Grenzen gesetzt. Als Universalwaffen im Bereich **Gewürze** haben sich **Bouillonwürfel, Salz, Pfeffer, Chilipulver, Chiliflocken, Muskat, Speiseöl** (wir nehmen gerne Olivenöl), **Essig, Zitronensaft, Zwiebeln, Knoblauch, Thymian, Origano, Lor-beerblätter, Remoulade und Senf** bewährt, vielleicht ergänzt durch **Ketchup und Curry** sowie weitere individuelle Lieblingsgewürze.*

__Dessert__ spielt bei uns keine große Rolle; einige Kekse oder Schokolade rei-chen. Außerdem kann man in Holland herrlichen ‚Vla' (Pudding) oder quietsch-süße Gebäckstücke kaufen, die einen prima Nachtisch abgeben. Fürs Selberma-chen eignen sich zum Beispiel Joghurt oder Quark mit Keksen, getränkt mit einer Marmeladen-Bessengenever-Mischung, oder mit Birnen- oder Apfelkompott.

alle Wasserstraßen, über Brücken und Schleusen einschließlich Bedienungszeiten, über Yachthäfen einschließlich Ausstattung und Liegegebühren) müssen laut Gesetz mitgeführt werden und gehören daher zur Standardausrüstung der Schiffe. Trotzdem kann es im Vorfeld der Reise ganz spannend sein, sich mit dem Kartenmaterial und mit dem friesischen Revier vertraut zu machen. Wir haben inzwischen ein paar Karten der Region gekauft und fahren im Vorfeld schon mit dem Finger gerne alternative Routen ab.

Die Standardkarte für unsere Reise ist die *ANWB Waterkaart 1: Friesland*, jeweils am besten in der neuesten Ausgabe. Ärgerlich ist, dass man neuerdings für alles, was östlich von Dokkum, aber noch immer in Friesland liegt, zwei weitere ANWB-Wasserkarten benötigt: die *ANWB Waterkaart 2 Noord-Groningen* und die *ANWB Waterkaart 3 Zuid-Groningen*. Schade, früher galt: Wo Friesland draufsteht, ist Friesland drin.

Hilfreich ist auch das Kartenwerk der Provinz Friesland im Internet, wo Sie unter *https://www.fryslan.frl/ > Loket > Kaarten > Recreatiekaart > Open grote kaart* bei ‚Inhalt' z.B. die Kategorien *Jachthaven* und/oder *Aanleegplaats Marrekrite* aktivieren können und eine Übersicht über Häfen und Liegeplätze erhalten.

Eine sehr ausführliche web-basierte Karte mit einer Vielzahl von ein- und ausblendbaren Elementen findet sich unter www.*waterkaart.net,* auch als App erhältlich. Die Anwendung enthält auch Nachrichten für Skipper, z.B. über defekte oder zeitweilig gesperrte Brücken oder Fahrwege.

Friesland bemüht sich seit geraumer Zeit, die **Öffnungszeiten der Brücken** zu vereinheitlichen und einen durchgehenden Betrieb von 9 bis 19 Uhr zu gewährleisten. Der Prozess ist jedoch noch nicht abgeschlossen. Brückengenaue Angaben finden sich bei https://fryslan.maps.arcgis.com, Kachel „Watersport". Für unterwegs sollten Sie sich die App „Watersport" auf Ihr Smartphone oder Tablet laden. Hier finden Sie Brückenmaße, Öffnungszeiten, Liegeplätze, weitere interessante Informationen und die Möglichkeit, per „Fernbedienung" Brücken zu öffnen, bei denen man sonst mühselig einen mechanischen Meldeknopf drücken müsste.

Neben unserem ‚Fresskorb' stehen weitere Behältnisse in der Diele, in denen sich in der letzten Woche vor der Abfahrt nach und nach einige weitere nützliche und unnütze Dinge ansammeln.

So gut die Ausstattung Ihres Schiffs auch ist, einige Sachen nehmen wir noch zusätzlich mit:

- FERNGLAS (!!!),
- Telefon(e), Ladegerät(e),
- Taschenlampe(n) einschl. Ersatzbatterien,
- Fotoapparat oder Filmkamera, Filme,
- Taschenmesser und für kleinere Reparaturen zusätzlich ein Universalwerkzeug (Multitool),
- CDs oder entsprechendes Equipment (für die ‚Tafel'-Musik),
- Sonnenbrille, Schirmmütze (gegen tiefstehende Sonne),
- Ersatzbrillen und Lupe,
- Käsereibe für Nudelgerichte etc.,
- Espressokanne und -Tassen,
- Thermosbecher (Kanne ist in der Regel vorhanden).

Sammeln Sie schon zu Hause in einer kleinen ‚Kriegskasse'

Kleingeld für Brücken- und Schleusengebühren.

Nichts ist so peinlich, wie wenn man an einer Brücke, die nur 2 Euro an Brückengeld kostet, als Kleinstes einen 10-Euro-Schein hat. Der Brückenwärter, der Ihnen während der (zügigen) Brückendurchfahrt zum Entrichten des Brückengeldes einen Holzschuh an einer Leine hinhält, wird sicherlich keine Zeit zum Wechseln finden.

In der Fahrschule hatte Rolf gelernt, man müsse an Bord immer ein **Beil** griffbereit haben, um in Notsituationen Leinen kappen zu können. Bis heute sind wir noch nie in eine solche Lage gekommen; trotzdem begleitet uns das Beil treu auf jeder Reise (und einmal brauchten wir es als Ersatz für den Bordhammer, den wir kurz vorher aus Schusseligkeit versenkt hatten).

Die Beleuchtung in den Schiffen lässt für Leseratten oft zu wünschen übrig. Deshalb packen wir noch eine oder zwei **Leselampen** in unsere Körbe, entweder batteriebetriebene oder – wenn das Schiff über 220V verfügt – normale Klemmlampen mit Energiesparbirnen oder LEDs.

Damit wir nach unserer Rückkehr nach Hause noch wissen, wo wir eigentlich rumgeschippert sind, wo wir angelegt haben, was wir erlebt und wie viele Kilometer wir zurückgelegt haben, haben wir uns ein **Logbuch**[9] angeschafft, in das wir unser ‚Erfahrenes‘ eintragen. Zusammen mit ein paar Törnführern, Revierbeschreibungen und dem eigenen Kartenmaterial bildet es die Grundlage für eine **Literaturtasche**, die ergänzt wird durch ausreichend Schmöker für lange Abende an Bord.

Vor allem in Restaurants oder bei Einkäufen kann es sehr nützlich sein, ein **Wörterbuch** und/oder einen **Spachführer** bei sich zu haben. Einige Redewendungen und Vokabeln finden Sie auch im Anhang.

Als nützlich hat sich auch ein **Kombi-Instrument** erwiesen, ein Multitasking-Gerät aus Uhr, Wecker, Thermometer, Kalender und Kompass. Besonders das Thermometer kommt unserer Manie entgegen, alles messen zu wollen. Das nutzt zwar niemandem, aber es macht Spaß und sorgt für Einträge ins Logbuch, also ab mit dem Gerät in die Kiste.

Was wäre eine Seefahrt ohne Wind? Den kann man ebenfalls messen, und so haben wir uns einen **Windmesser** zugelegt. Das ist ein nettes Spielzeug, mit dem man Windstärken bestimmen kann, die dann penibel im Logbuch verzeichnet werden.

Nicht alle Schiffe sind mit GPS ausgerüstet, deshalb nennen wir seit ein paar Jahren ein privates **GPS-Instrument** unser eigen. Folge: Wir können unsere abendliche Liegeposition exakt bestimmen und ins Logbuch eintragen, außerdem die zurückgelegten Kilometer. Dazu können wir tagsüber den Kurs ablesen. Toll, was?

Nicht vergessen: Sie fahren in einem wasserreichen Gebiet umher. Deshalb sollten **Mückenschutz** und **antiallergische Salbe** für die Nachbehand-

---

[9] *Neil Hollander, Harald Mertes*, **Logbuch für die Motoryacht**, 13. Auflage 2021, 176 Seiten, ISBN: 978-3-89225-149-1

lung von Stichen in Ihrem Gepäck nicht fehlen. Der Einsatz von Insekten-spray steht bei uns allerdings inzwischen auf dem Index, weil das Einnebeln der Schlafkajüte oder der restlichen Räumlichkeiten mit diesem Zeug nicht nur bei Mücken Fluchtreflexe herrvorruft.

Last but not least: ein Korb mit **Strickzeug** und ein dickes **Sudoku-Heft** speziell für Eva.

Wenn wir kurz vor Abfahrt von zu Hause die Blicke kritisch durch unsere Diele wandern lassen, dann halten wir uns selbst schon für ziemlich be-kloppt. Es sieht aus, als wollten wir einen Hilfstransport in eine Krisen-region organisieren: Kleidung, Decken, Nahrungsmittel und technisches

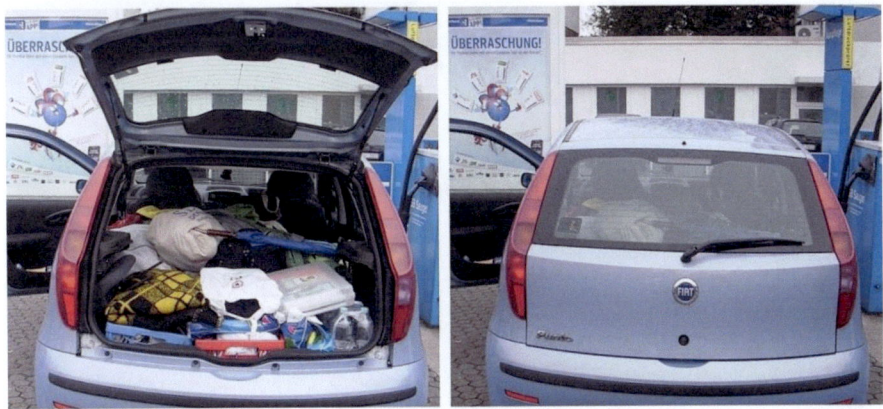

Passt !

Gerät. Dabei steht nur eine Woche Bootfahren in Friesland an. Ein Trost: Erfahrungsgemäß passt alles in unseren uralten FIAT Punto, einschließlich der Reisetaschen mit der ‚normalen' Kleidung.

Jetzt kann es also endlich losgehen!

Erster Schiffskontakt

Das Schiff

Nach zweieinhalb bis drei Stunden Autobahnfahrt erreichen wir das heißersehnte Ziel unserer Wünsche: Wir sind in **Lemmer** an der Ostküste des Ijsselmeers angekommen und sehen unser diesjähriges „Traumschiff" vor uns am Ufer liegen – weiß, sauber, glänzend und einladend. FORTUNA

Unser Schiff

heißt es (bzw. „sie", denn Schiffe sind bekanntlich weiblich), ist stattliche 12,20 Meter lang, 3,50 Meter breit, ragt mit 4,25 Metern Durchfahrthöhe einschließlich der kleinen Flaggenmasten eindrucksvoll aus dem Wasser und hat einen Tiefgang von 1,10 Metern.[1]

---

[1] Die Maße seines Schiffs sollte man ständig parat haben, denn im Revier gibt es schmale Durchfahrten, feste niedrige Brücken und flache Gewässer. Je nach Schiffslänge gibt es unterschiedliche Liegeplätze in den Häfen. Vor allem die Liegegebühren werden in Euro pro Meter Länge berechnet. Also: Am besten einen Zettel griffbereit haben oder die Daten fest im Logbuch vermerken.

Natürlich fragen wir, wie es sich gehört, zuerst den Eigner bzw. Vercharterer, ob wir schon an Bord gehen dürfen. Dort eröffnet sich uns dann eine ganz andere Welt als wir es von unserer Wohnung zu Hause kennen. Unser „Balkon", also das Oberdeck, auf dem sich auch der Steuerstand befindet, ist zwar größer als unsere heimische Loggia (ca. 10 qm gegenüber ca. 4 qm), „Wohnzimmer" (Salon), „Küche" (Pantry) mit Essecke, „Schlafzimmer" (Heckkabine), Bad und Vorderkabine belaufen sich hingegen insgesamt auf ca. 30 qm.

Die Treppe zwischen Oberdeck und Salon ist gewöhnungsbedürftig und eine potenzielle Quelle zahlreicher blauer Flecken. Runter geht man am besten im Rückwärtsgang wie auf einer Leiter (wobei man sich wegen der kurzen Stufen prima die Schienbeine stoßen kann) oder – wenn man wie Eva Balletterfahrung hat – vorwärts in der „Ersten Position" (Füße stehen im Winkel von 180°). Sollte diese Akrobatennummer aber nicht gelingen, dann rattert man auf dem Hinterteil die 5-6 Stufen abwärts, was ebenfalls blaue Flecken produziert. Die Treppe hinaufzuklettern ist eigentlich kein Problem, wäre da nicht die Luke, die man möglichst vollständig öffnen sollte. Ihr Kopf wird es Ihnen danken.

Sind wir erst einmal unfallfrei im Salon angekommen, dann staunen wir über die Geräumigkeit des Innenraums. Der Salon ist durch große Fenster an beiden Seiten und nach vorn sowie im Dach lichtdurchflutet. Rundherum hängen niedliche Vorhänge, ordentlich in Falten gelegt und mit kleinen Bändern zusammengehalten. Beeindruckend sind die vielen Staumöglichkeiten längs der Bordwände in der Verkleidung: Jede Menge Schränkchen unterschiedlicher Größen, in die man sein gesamtes Hab und Gut verteilen kann, so dass es auf dem Schiff immer ordentlich aussieht. Allerdings sollte man bei der Rückgabe des Schiffes sehr diszipliniert alle Verstecke durchsuchen, damit man sämtliche Teile wieder mit nach Hause nimmt.

Eine Eckbank macht bei der ersten Sitzprobe einen etwas spartanischen Eindruck, lässt sich aber durch die an Bord befindlichen Kissen in eine lauschige Leseecke verwandeln. Bank, Esstisch mit ausklappbaren Flächen und Wandtäfelung bestehen aus kastanienbraunem Holz, und der Boden ist mit blauem Teppich belegt.

Über eine kleine Treppe abwärts gelangen wir in die Heckkabine und entdecken dort ein geräumiges französisches Bett. Der „Lattenrost" entpuppt sich als großes Brett, auf dem sich aber dank einer Schaumstoffmatratze herrlich schlafen lässt. Rundherum an den Bordwänden und unter dem B(r)ett sind wieder zahlreiche Staumöglichkeiten eingebaut, und die Kabine lässt sich nicht nur mithilfe von drei Bullaugen lüften, sondern auch mit zwei großen Fenstern nach achtern, die man fast auf Höhe der Wasseroberfläche – und damit auf Augenhöhe mit Enten – nach außen hin weit öffnen kann.

Das benachbarte Bad überrascht mit seiner Größe und Funktionalität. Ein Waschbecken, aus dem man einen Schlauch für die Dusche herausziehen kann, und eine elektrisch betriebene Toilette, bei der man das Spülwasser nicht mühsam per Hand heranpumpen muss – ein Luxus, auf den wir beim Aussuchen des Schiffs immer Wert legen. Dazu auch hier wieder Stauraum und Abstellflächen sowie ein zu öffnendes Bullauge für eine gute Belüftung. Besonderer Gag: Das Bad hat zwei Zugänge, einen von der Heck- (Schlaf-)kabine aus und einen vom kleinen Flur davor.

Weiter vorn und ebenfalls ein Treppchen tiefer als der Salon begeistert uns (wieder einmal) die Pantry samt Ausstattung. Das umfangreiche und beeindruckende Equipment an Tellern, Tassen, Gläsern, Töpfen, Schüsseln, Kannen und anderen Behältnissen wird ergänzt durch Ess- und Arbeitsbesteck ohne Ende und eine perfekte Grundausstattung an Abwasch- und Reinigungsmaterial. Man merkt deutlich, dass man sich in einem Land mit Kaffee-und-Kuchen-Kultur befindet: Kaffeemaschine, Kaffeekanne, Kaffeefilter samt Filtertüten, Kaffeedose, Zuckerdose, Milchkännchen, Kuchengabeln und Tortenheber sind vorhanden. Dafür gehören Weingläser nicht immer zur Standardausrüstung. Der Kühlschrank – nicht gerade ein Großraumgerät – funktioniert prima und ist völlig ausreichend für unseren Bedarf. Er hat sogar ein Fach für die Herstellung von Eiswürfeln. Der Küchenbereich mit Edelstahlspüle, Arbeitsplatten, Geschirrschränken, Kühlschrank und vierflammigem Gasherd ist in einem Halbkreis auf der Backbordseite eingebaut; der andere Halbkreis liegt – getrennt durch einen schmalen Gang – auf der Steuerbordseite gegenüber und bildet eine weitere Essecke.

Die Vorderkabine ist durch eine Tür von der Küche getrennt, dahinter befinden sich zwei Kojen auf unterschiedlichen Höhen, je eine auf der Backbord- und auf der Steuerbordseite, die sich v-förmig im Bug übereinander schieben. Im Prinzip eignen sie sich in Grenzen als Schlafplätze, wir aber benutzen sie künftig als Lagerraum, u.a. für Lebensmittel, weil sich die Kabine gut lüften und damit zu unserer Reisezeit Ende September/Anfang Oktober bequem etwas kühlen lässt.

Der Steuerstand

Zurück auf dem Oberdeck erkunden wir den Steuerstand. Er ist mit Anzeigeinstrumenten für Öldruck, Motortemperatur, Drehzahlmesser und Voltmeter ausgestattet, weiterhin – und das ist nicht selbstverständlich, aber ungemein nützlich – mit einem Ruderstandsanzeiger, der Auskunft über die Stellung des Ruders gibt. Weder dem Steuerrad noch dem Ruder selbst (das ist ja unter Wasser) kann man nämlich ansehen, ob und in welche Richtung es eingeschlagen ist. Das kann beim Anfahren „aus dem Stand" zu unangenehmen Über-

Unser Steuerstand

raschungen führen, wenn man geradeaus fahren will, das Ruder aber nach backbord oder steuerbord eingeschlagen ist. Hier hilft der Ruderstandsanzeiger ungemein.

Ergänzt wird die Ausstattung durch eine Reihe von Kontrollleuchten, Schalthebeln fürs Betätigen der Bug- und Heckschraube (letztere ist nicht unbedingt Standard auf den Charterschiffen, aber sehr nützlich) und einen Knopf für das Signalhorn. Herzstück des Steuerstands ist in unserem Falle ein Display für ein GPS-Gerät, an dem sich Position, Geschwindigkeit, zurückgelegte Strecke, Kurs und die Wassertiefe ablesen lassen. Besonders schön ist es, wenn das Gerät noch mit Kartenmaterial ausgestattet ist, so dass man auf dem Display direkt sehen kann, wo und auf welchem Gewässer und an welcher Tonne man sich gerade befindet. Diese Ausstattung gehört aber schon zu der gehobenen Sorte. Meistens begnügen sich die Vercharterer mit einem Tiefenmesser und – wenn man mit dem Schiff auf das Ijsselmeer darf – mit einem Kompass.

Checkliste Kontrolle

Insgesamt haben wir den Eindruck, wieder einmal eine Reihe von schönen Tagen auf einem schönen Schiff verbringen zu können, aber bevor wir alles Gepäck und Proviant an Bord bringen, sollten wir ein paar Einzelheiten prüfen bzw. uns erklären lassen. Im Internet gibt es – z.B. unter den Stichworten „Charter – Checkliste – Schiffsübernahme" – eine Menge von Checklisten, die zum Teil sehr ausführlich sind und auch Dinge enthalten, die nur für Segelschiffe wichtig sind. Wir haben aus unseren Erfahrungen einmal die wichtigsten Punkte herausgesucht. Einige davon kann man einfach selbst prüfen, für andere Dinge braucht man den Vermieter, der einem alles erklären kann.

Papierkram
- Schiffspapiere
- Karten und Wateralmanak
- Betriebsanleitungen (Motor, Instrumente, ...)

Ausstattung
- Alle Schlüssel an Bord?
- Treibstoff (Füllstand, Tanköffnung, Tankanzeige)
- Trinkwasser (Füllstand, Tanköffnung, Tankanzeige)
- Schlüssel zum Öffnen und Schließen der Tanks

- 5 Festmachleinen (in gutem Zustand)
- 6 Fender (ruhig einmal drauftreten; wenn Luft fehlt, austauschen lassen)
- Anker (Funktion erklären lassen)
- Rettungsring
- Feuerlöscher
- Verbandkasten
- Bootshaken
- Schrubber
- Eimer mit Leine (zum Wasserschöpfen)
- Wiesenhaken und Hammer
- Signalhorn (Funktion prüfen)

Motor
- Wie wird der Motor gestartet?
- Wie wird der Motor abgestellt?
- Wo liegt die Leerlaufstellung, Rückwärts- und Vorwärtsgang?
- Erlischt die Öldrucklampe nach Start?
- Funktioniert die Kühlung?
- Ist die Färbung der Abgase normal?

Strom
- Wo ist der Hauptschalter zum Ein-/Ausschalten?
- Funktionieren alle Lampen der Innenbeleuchtung?
- Funktionieren alle Positionslichter?
- Kabel für Landstrom vorhanden und in Ordnung?
- Wie wird Landstrom angeschlossen?
- Funktionsweise Umformer 12V/220V (falls an Bord)

Anzeigen
- Echolot (Tiefenmesser) auf Wasserlinie oder Kiel geeicht?
- GPS Start
- GPS Grundfunktionen
- Fäkalientank (Füllstand)

Sonstiges zeigen bzw. erklären lassen

- Absperrventil für Gas
- Funktion Kocher und Kühlschrank
- Funktion Toilette
- Anleitung E-Bilgepumpe
- Anleitung manuelle Bilgepumpe und Pumpenschwengel
- Bug- und Heckstrahlruder ausprobieren
- Anleitung Heizung, Heizung ausprobieren

Dass bisweilen vermeintlich selbstverständliche Dinge an Bord dennoch fehlen, liegt unter anderem an dem nahezu naturgegebenen Schwund von Kleinteilen, am Verlust durch Über-Bord-Gehen und am Sammlertrieb von Freizeitskippern. Nehmen Sie es dem Vercharterer bitte nicht übel, wenn da einmal etwas nicht vorhanden ist oder nicht richtig funktioniert. Er wird sich umgehend bemühen, alles zu Ihrer Zufriedenheit zu regeln. Im Zweifel können Sie ihn sogar von unterwegs anrufen. Fehlende Teile werden dann durch *rijdenden*[2] Boten an Bord geliefert. Im Übrigen hat der Vercharterer einen schweren Job. An Wechseltagen kommen Skipper nicht selten zu spät zurück in die Basis, und die nächste Besatzung wartet schon und scharrt ungeduldig mit den Hufen. Dann müssen innerhalb von wenigen Stunden eine Reihe von Schiffen mit einer Unmenge von Einzelteilen abgenommen, gereinigt und technisch überprüft werden. Da ist es für den Vercharterer hilfreich, wenn die Mieter selbst ebenfalls die Augen offen halten und ihm Hinweise geben. Fehlende oder defekte Teile werden ihm selbst unangenehm sein, denn er will zufriedene Kunden. Selbst wenn Ihnen einmal etwas kaputt oder über Bord gehen sollte, sagen sie es ihm. Er – und auch Ihr Nachfolger auf dem Schiff – werden es Ihnen danken.

So, jetzt aber alles einpacken und in den vielen Fächern verstauen. Wenn Sie schon etwas Erfahrung mit einem Schiff haben, dann können Sie nun endlich losfahren und Ihren Urlaub antreten. Wenn nicht, sollten Sie

---

[2] Die Niederländer unterscheiden fein zwischen „rijden" (deutsch: fahren, z.B. mit Auto oder Rad, aber auch reiten) und „varen" (deutsch: ebenfalls fahren, aber nur mit einem Schiff). Dementsprechend ist ein (Auto-) Führerschein ein „rijbewijs", ein Bootsführerschein hingegen ein „vaarbewijs". Deshalb klingt es für Niederländer etwas komisch, wenn wir von „mit dem Rad fahren" sprechen.

sich unter Anleitung ein Gefühl für Ihre neue Umgebung verschaffen. Sie können hierfür zum Beispiel ein paar Runden zusammen mit dem Vercharterer drehen, denn er ist darauf aus, ein unbeschädigtes Schiff wieder zu bekommen und wird Sie sicherlich gerne unter seine Fittiche nehmen und anlernen. Es gibt aber auch eine Reihe von Charterunternehmen, die in Kooperation mit professionellen Fahrschulen ein mehrstündiges Einweisungstraining gegen Entgelt (ab ca. 100,- €) anbieten. Auf alle Fälle raten wir Ihnen dringend, nicht ohne eine Spur von Fahrpraxis loszufahren, denn Bootfahren geht nun halt mal anders als Autofahren – selbst wenn die Werbung für den Wassersport das bisweilen anders sieht.

Die Reise geht los

Nun heißt es „Leinen los!" und Abschied nehmen vom Alltagstrott. Auch wenn sich das bis jetzt bei aller Aufregung um das Neue, bei der geschäftigen Betriebsamkeit beim Aus-, Um- und Einräumen und der prickelnden Vorfreude auf den Start noch nicht bemerkbar gemacht hat: Bootfahren in Friesland ist Entschleunigung pur! Zwar sind Sie vor kurzem noch mit 100 km/h über die holländischen Autobahnen ‚gebraust', jetzt aber wird es bei Tempo 6 km/h richtig gemütlich. Durch das Schiff und die Geschwindigkeitsbegrenzung werden wir zunächst ‚fremd'-gebremst – ein passiver Vorgang. Viel wichtiger ist es aber, dass wir selbst aktiv zur Ruhe kommen, denn das ist das Rezept für einen erfolgreichen Umgang mit dem Schiff. Nehmen Sie sich für alle Manöver Zeit und führen Sie sie bedachtsam und ohne Hektik aus. Nichts ist so kontraproduktiv wie hastiges Drehen am Ruder und panikartiges Gasgeben oder schnelles Wechseln zwischen Vor- und Rückwärtsgang.

Durch die **Zijlroede (Sylroede)**[1] geht es jetzt in WNWliche Richtung, vorbei am *Jachthaven Lemmer*, am *Jachthaven Iselmar* und am *Watersportcentrum Takozijl* an backbord und dem Marinapark Lemmer, einer riesigen Ferienwohnungsanlage, an der Steuerbordseite.

Am Ende der Zijlroede (Sylroede) biegen wir nach steuerbord ab in den Stroomkanaal (Streamkanaal), wo wir nach ca. 1 km auf den **Prinses Margrietkanaal** treffen. Hier[2] heißt es aufmerksam sein, denn der Kanal ist die verkehrsreichste Wasserstraße Frieslands. Er führt von Lemmer über Sneek (Snitz) in Richtung Groningen, geht dann über in den Van Starkenborghkanaal und endet als Eemskanaal in Delfzijl, also an der Emsmündung. Der

---

[1] Die Friesen haben eine eigene Sprache und sind stolz darauf. Deshalb finden sich auf Orts- und Straßenschildern sowie auch auf den Wasserkarten und dem Wateralmanak des ANWB Ortsbezeichnungen und Gewässernamen in Niederländisch und Friesisch (hier in Klammern). Eine Gegenüberstellung von Namen in beiden Sprachen finden Sie im Anhang.

[2] N52°51.664' E5°40.982' (52.86106, 5.68304)

PMK[3] wird intensiv von der Berufsschifffahrt genutzt, und die hat Vorfahrt vor Freizeitskippern aller Art.[4] Zunächst haben Sie aber noch etwas Schonfrist, denn auf dem *Groote Brekken (Grutte Brekken)* gibt es Extraspuren für Sportboote unmittelbar neben der betonnten Hauptfahrrinne. Unser heutiges Ziel ist der Ort Sloten (Sleat). Wir fahren nach Norden und genießen zum ersten Mal die Faszination einer größeren Wasserfläche, auf der man als Anfänger oder wenig Geübter etwas mehr Gefühl für das Schiff entwickeln kann. Schauen Sie sich einmal nach hinten um; Sie werden sich vielleicht wundern, welch herrlich krummes Kielwasser Sie hinter sich lassen. Da können Sie das Ruder noch so fest und in Position halten, Sie werden nicht geradeaus fahren, wenn Sie nicht ständig Ihren Kurs korrigieren. Ihr Kurs wird beeinträchtigt von Wind, Wellen und Drehrichtung der Antriebsschraube (Propeller). Ein kleiner Trick: Wenn Ihr Steuerstand auf der Längsachse des Schiffs liegt (häufig bei Außensteuerständen), dann peilen Sie mit der Bugspitze einen festen Punkt in einiger Entfernung an und versuchen auf diesen zuzufahren. Sie werden schon merken, wann Sie korrigieren müssen, aber Sie werden ebenso schnell merken, dass das Schiff erst mit einer kleinen zeitlichen Verzögerung reagiert. Jedenfalls wird Ihr Kielwasser nach einiger Übung nicht mehr so schlangenähnlich aussehen wie vorher.

In jetzt hoffentlich schnurgerader Fahrt in nördliche Richtung durchqueren wir mit *maximumsnelheid* 12,5 km/h *Groote Brekken (Grutte Brekken)* entlang der durchnummerierten Tonnen und wenden uns an Tonne PM26-

---

[3] PMK ist ein Kürzel für den Prinses Margrietkanaal, dem man in Friesland häufig begegnet.

[4] Im Umgang mit der Berufsschifffahrt sollten Sie ein paar Dinge beachten:
- Berufsschiffe haben immer Vorfahrt.
- Berufsschiffe können schneller sein als Ihr Schiff. Deshalb schauen Sie auch ab und zu nach hinten, ob sich von dort nicht ein Berufsschiff nähert.
- Berufsschiffe können schneller sein als Sie erwarten. Denken Sie daran, wenn Sie deren Kurs kreuzen, z.B. beim Queren des PMK von einem Seitenkanal in einen anderen.
- Berufsschiffe haben vor dem Bug einen „toten Winkel", in dem sie kleinere Boote nicht sehen können.
- Berufsschiffe verhalten sich träge, sie können nur schwer ausweichen und bremsen.
- Halten Sie genügend Abstand von Berufsschiffen. Nahe der Bordwand entsteht ein Sog, der Ihr Schiff an die Bordwand ziehen kann.
- Im Kielwasser von Berufsschiffen ist das Wasser aufgewühlt. Diese Wirbel können Ihnen vorübergehend das Steuern erschweren.

RS1 nach backbord in den **Rijnsloot (Riensleat)**. Ab hier ist Tempo 6 km/h angesagt, und kurz hinter der Einmündung kreuzt von Zeit zu Zeit eine kleine Fähre, die – weil auch sie zur Berufsschifffahrt gehört – natürlich Vorfahrt hat. Weiter geht's durch das **Brandemeer (Brandemar)** in den **Woudsloot (Wâldsleat)** und dann nach steuerbord Richtung Sloten (Sleat).

Sloten

Sloten (Sleat) ist ein ausgesprochen entzückendes und verträumtes Örtchen. Alte Stiche zeigen Sloten als wehrhafte Festungsstadt, die ihre strategische und wirtschaftliche Bedeutung schon im 13. Jahrhundert erlangte. Dort kreuzten sich zwei wichtige Handelswege: eine Wasserstraße von Sneek zur Zuidersee (später Ijsselmeer) und so zu den Hansestädten an der Ijssel, eine andere über Land von Bentheim in Deutschland nach Stavoren, welches im Mittelalter eine große und wichtige Handelsstadt war.

Gracht in Sloten

Die Befestigungsanlagen und die städtebauliche Grundstruktur von Sloten sind noch deutlich zu erkennen. Teile des Ortes stehen unter Denkmalschutz. Mitten durch den Ort zieht sich eine etwa 300 Meter lange und äußerst pittoreske Gracht mit zum Teil altehrwürdigen Wohn- und Geschäftshäuschen und einem sehenswerten alten Baumbestand. An den Enden der Gracht befinden sich zwei historische Wassertore, eines davon gekrönt von der Windmühle *Molen de Kaai* aus dem 19. Jahrhundert, die heute ein kleines Geschäft für Mehl, Brot und Souvenirs beherbergt.

Im ihrem Garten steht eine Kanone, die in der Hauptsaison jeden Freitagabend pünktlich um 20 Uhr vom örtlichen Schützenverein abgefeuert wird. Wenn Sie – wie wir – früher oder später in der Saison unterwegs sind und das Spektakel verpassen, dann können Sie sich stattdessen ein kleines Video[5] ansehen. Apropos Spektakel: Seit 1998 wird alle drei Jahre die ‚Schlacht um Sloten' in historischen Gewändern nachgestellt, eine Gaudi für den ganzen Ort. Hinterlistige Spanier wollten am 13. Mai 1588 die Stadt stürmen, was sich wegen der Stadtbefestigung jedoch als schier unmöglich erwies. Ein verräterischer Lump aus dem Nachbardorf erinnerte sich aber offenbar an das berühmte Trojanische Pferd und versteckte eine Anzahl von spanischen Soldaten in Bierfässern auf einem Schiff, das in den Ort fahren sollte. In letzter Minute jedoch wurden die Feinde von den Slotennern entdeckt und ordentlich verhauen. Die Verräter wurden enthauptet und ihre Köpfe auf Stangen gespießt und ausgestellt. Wenn Sie nicht rechtzeitig zur Schlacht in Sloten sein können: Auch hiervon gibt es ein Video[6].

Einen Besuch wert ist das *Stedhûs Sleat*, ein interessantes Museum im Rathaus von 1761[7]. Neben Einblicken in die Geschichte des Orts befindet sich auf dem Dachboden eine umfangreiche und sehenswerte Laterna-Magica-Sammlung (auch *toverlantaarn* oder Zauberlaterne genannt).

Auch das Kulinarische kommt hier nicht zu kurz: Direkt an der Gracht kann man z.B. im Restaurant *Het Bolwerk*[8] zur Mittagszeit Pfannkuchen (die kann man in Friesland sehr gut zubereiten!) oder *Uitsmijter* (zu Deutsch: Strammer Max) essen und abends zwischen Fleisch, Fisch und Vegetarisch wählen, und in *De Zeven Wouden*[9] kann sich ein ausgehungerter Seebär auf eine Riesenportion Spareribs stürzen, zu denen nicht nur die in Friesland obligatorischen Gemüse-, Salat- und Kartoffelbeilagen, sondern zusätzlich noch mächtig leckere Mayonnaise-Dips serviert werden. An einem milden Herbstabend trafen wir dort im Biergarten zwischen Restaurant und Gracht auf eine Gruppe älterer gesetzter Herren beim Dämmerschoppen, die, begleitet von einem Schifferklavier, wohltönende Shanties

---

[5] https://www.youtube.com/watch?v=ZdXE5tVqo4Q
[6] https://www.youtube.com/watch?v=RLlNViILd_c
[7] Heerenwal 48; http://www.museumsloten.nl/
[8] Voorstreek 116/117; http://www.restauranthetbolwerk.nl
[9] Voorstreek 120; http://www.dezevenwouden.com

sangen – vermutlich Besatzung und Gäste eines Plattbodenschiffs der *Braunen Flotte*[10] auf Landgang.

Der ultimative weil romantischste Liegeplatz ist sicherlich der unter der Windmühle am Ortsende beim südlichen Wassertor (*Lemsterpoort*). Er ist – wie alle anderen Liegeplätze in Sloten – liegegeldpflichtig. Direkt daneben befindet sich die Zufahrt zum *Jachthaven de Lemsterpoort*[11]. In sehr ruhiger Umgebung und nur wenige Fußminuten vom Ort entfernt gibt es etwas weiter südlich auf der Ee zwei Stege[12] mit etwa einem Dutzend Liegeplätzen.

Sloten: Liegeplatz unter der Mühle

Unser nächstes ‚Fernziel' ist Stavoren. Dazu verlassen wir Sloten durch die Brücke, wo wir – wie an einer Reihe von anderen Brücken auch – das

---

[10] Mit „Braune Flotte" (Bruine Vloot) bezeichnet man die Charter-Fahrt mit traditionellen Segelschiffen, insbesondere Plattbodenschiffen. „Braun" verweist auf die ursprüngliche Farbe der Segel, die auch heute noch vielfach braun sind. Die Schiffe gelten als Berufsschiffe und haben Vorfahrt.

[11] http://www.lemsterpoort.nl; N52°53.553' E5°38.819' (52.89256, 5.64698)

[12] Bei N52°53.339' E5°38.975' (52.88899, 5.64959) und N52°53.254' E5°39.054' (52.88757, 5.65090)

Brückengeld (*Bruggeld* oder *Klompengeld*) in einen Holzschuh[13] stecken müssen, der an einer Art Angel ans Schiff geschwenkt und uns zielsicher vor die Nase gehalten wird. Das ist für viele Ersttäter in Sachen Bootsurlaub immer wieder eine film- oder fotowerte Szene, wobei vor lauter Entzücken schon einmal die Konzentration des Skippers nachlassen kann. Rechnen Sie als alter Hase damit, dass es vielleicht zu Verzögerungen kommt und drängeln Sie nicht.

Hinter dem *Slotergat (Sleattemer Gat)* passieren wir die Fahrrinne über das *Sloter Meer (Sleattemer Mar)*. Der Tonnenstrich führt in nördliche Richtung in die *Ee (De Ie)* und nach *Woudsend (Wâldsein)*. Bevor wir den Ort erreichen, kreuzen wir, ohne es zu merken, die Straße N928, die durch einen Tunnel unter der Wasserstraße durchgeführt wird. Auf solche praktischen Bauwerke, Aquaduct genannt, stößt man in Friesland immer wieder. Sie sind ein Zeichen dafür, dass Wassersport dort sehr groß geschrieben wird und man sich bemüht, es den Freizeitskippern so bequem wie möglich zu machen. Nahezu undenkbar wäre es in Deutschland, eine Autobahn zu sperren, um Sportboote kreuzen zu lassen. Hier in Friesland hingegen klappt man dafür sogar Autobahnbrücken hoch, nachdem vorher der Straßenverkehr gestoppt wird und sich dann staut – ein erhebendes Gefühl für Skipper und Crew, wenn man mit einem innerlichen „Ätsch!" unter der Schnellstraße durchtuckert.

Woudsend

In *Woudsend (Wâldsein)* erleben wir eine malerische Ortsdurchfahrt mit der Windmühle *De Jager* auf der Backbordseite[14], eine von drei Holzsägemühlen in Friesland. Sie stammt aus den Anfängen des 18. Jahrhunderts. 2014 durften wir am Tag des offenen Denkmals in Woudsend die Veranstaltung *Monumenten, Muziek, Markt en Meer* bei schönstem Wetter genießen. Die Mühle konnte – wie sonst jeden Samstag von 9:30 – 17:00 Uhr – natürlich besichtigt werden, und sie war umwimmelt von einem sympathischen, fröhlichen Volksfest für Jung und Alt einschließlich einem

---

[13] Holzschuh = *de klomp*
[14] N52°56.496' E5°37.786' (52.94160, 5.62977)

Flohmarkt, der sich durch den gesamten lebendigen Ort zog und wo wir zierlich geschliffene Schnapsgläser erbeuteten.

Aber vorher hieß es natürlich, einen Liegeplatz zu finden, angesichts des Andrangs ein schwieriges Unterfangen. An der Dorfkade gab es diesmal keine Möglichkeit mehr, also weiter durch die *Ee-Brücke*[15] und dahinter nach backbord in Richtung zum *Recreatiecentrum de Rakken*[16] mit seinem beachtlichen Jachthafen einschließlich hervorragend gepflegter sanitärer Anlagen.

Brücke in Woudsend

Dieses Mal hatten wir Glück und fanden noch einen Platz an der Wiese außerhalb des Hafenbeckens, groß genug, um unsere 12,20 Meter zu parken. Darauf sollte man sich aber nicht verlassen. Vor einigen Jahren – bevor 2017 das Hafenbecken erneuert wurde – war für uns nur noch ein sehr knapper Platz frei, den man aber wegen eines Vorsprungs in der Kaimauer nicht vorwärts anfahren konnte. Hier haben wir dann das erste Mal gelernt, rückwärts einzuparken mit Hilfe des sogenannten Radeffektes. Der sorgt dafür, das sich bei Rückwärtsfahrt das Schiffsheck nach backbord bewegt.[17] Legt man sich also

---

[15] Hier schwingt einem leider kein Holzschuh mehr entgegen, denn die Gemeinde Südwest-Friesland, zu der auch Woudsend gehört, hat seit dem Jahr 2013 das Brückengeld abgeschafft, nicht jedoch das Schleusengeld. Dafür wurden die Liegegebühren in den Häfen erhöht. Zur Gemeinde Südwest-Friesland gehören unter anderem Orte wie Sneek, Bolsward, Makkum, Workum, Hindeloopen, Stavoren, Heeg, und Woudsend.

[16] http://www.derakken.nl/de; N52°56.788' E5°37.739' (52.94647, 5.62899)

[17] Unsere Schiffe waren bislang immer mit einer rechtsgängigen Schraube ausgestattet, d.h. sie dreht sich von hinten gesehen bei Vorwärtsfahrt rechtsherum, bei Rückwärtsfahrt dementsprechend linksherum.

bei Beginn des Anlegemanövers nicht zu eng neben den künftigen Vordermann, dann kann man – quasi wie mit dem Auto – rückwärts einparken.

Kurioses am Rande

*In einem recht netten und nicht sehr frequentierten Hafen haben wir einen
ruhigen Liegeplatz gefunden. Es ist ein lauer Herbstabend, hervorragend geeignet für ein ausgiebiges Abendessen auf dem Achterdeck. An uns vorbei tuckert
mit kleiner Fahrt eine Motorjacht mit sechs Männern an Bord, die sich eine Box
etwa 30 Meter von uns entfernt aussuchen. Alles ist still und friedlich, selbst als
unsere entfernten Nachbarn ihre Bierkästen auspacken und einen Gartengrill auf
der Wiese aufbauen. Zu uns herüber dringen nur leise Geräusche von gedämpf-
ter guter Stimmung. Die Mannschaft ist sogar so rücksichtsvoll, dass sie gegen
22 Uhr ihre Sachen einpackt und ins Innere ihres Schiffs entschwindet. Einer
ruhigen Nacht steht also nichts im Weg.*

*Gegen zwei Uhr früh werden wir von einem ohrenbetäubenden Gepolter auf
dem Achterdeck aus dem Schlaf gerissen. Da werden Reißverschlüsse gezogen
und Stühle lautstark hin- und hergerückt. Rolf schießt wie elektrisiert raus aus
dem Bett und rein in die Pantoffeln, greift sich – nur mit Schlafanzug bekleidet –
ein langes Küchenmesser und fährt mit lautem holländischem Geschrei eine
Attacke auf den oder die bislang noch unbekannten Eindringlinge. Er stürmt an
Deck und stößt dort auf einen Menschen, der sich wie in Zeitlupe bewegt, sich
immer festhalten muss und ständig abwechselnd murmelt „Wosin'ndieandernalle?"
und „Musidneintlichierjetzalleineschlawen?"*

*Da steht Rolf nun, der Ritter von der traurigen Gestalt, in Schlafanzug und
Pantoffeln mit einem Brotmesser in der Hand, und hat seine liebe Mühe, einen
der eben erwähnten Nachbarn davon zu überzeugen, dass er sich auf dem Weg
von der Toilette zurück zu seinem Schiff ein wenig verlaufen hat, nämlich zu uns.
Etwas zäh ist es dann auch, die zwei Promille wieder vom Schiff herunter zu
bugsieren. So ähnlich muss es sein bei einer Katze, die sich auf einem Baum
verstiegen hat. Aber schließlich kann Rolf unseren unerwarteten Gast doch noch
in die richtige Richtung drehen und in Vorwärtsbewegung versetzen. Er blickt
ihm zur Vorsicht noch nach, bis er bei ‚den anderen allen' wieder an Bord ist.
Dort war es nach 22 Uhr wohl doch nicht so zurückhaltend zugegangen wie wir
vermutet hatten.*

Das Heck landet automatisch am Ufer (vielleicht sind ein paar Korrektu-
ren nötig), und den Bug dreht man mit der Bugschraube zum Land. Ein
Crewmitglied sollte aber darauf achten, dass es nicht zum Kontakt mit dem
Vordermann kommt!

Woudsend muss man als Gesamtkunstwerk sehen, in dem es kaum her-
aushebenswerte Einzelattraktionen gibt, sieht man einmal ab von den
beiden Windmühlen *De Jager* von 1719 und *t'Lam*, der ältesten Getreide-
mühle Frieslands, die 1580 erstmalig urkundlich erwähnt wird. Heute be-

herbergt sie ein Mühlen-
Informationszentrum, und von
Zeit zu Zeit wird auch wieder
Korn gemahlen. Die Tatsache
allerdings, dass das Rijksmonumentenregister[18] für
Woudsend insgesamt 24 denk-
malwürdige Gebäude aufführt,
lässt auf ein hübsches Stadtbild
schließen. In dieser Erwartung
wird man nicht enttäuscht.
Kleine Gassen mit geduckten
Backsteinhäuschen und originellen Geschäften und Boutiquen laden zum Bummel ein.

Nachmittags sitzt man vor
dem *Café-Restaurant de Watersport*[19] an der Ee-Brücke, um
die Geschicklichkeit anderer

Windmühle t'Lam in Woudsend

beim Durchfahren der Passage zu beobachten und zu kommentieren, und
abends trifft man sich dort zu lokalen und regionalen Spezialitäten in geselliger Atmosphäre. Etwas raffinierter geht es im *'t Ponkje*[20] zu. Das Restaurant ist in einer kleinen Kirche aus dem 18. Jahrhundert untergebracht;
dementsprechend passt der Name gut dazu, denn er bedeutet so viel wie
Klingelbeutel. Die Abendkarte ist vielversprechend und abwechslungsreich,
mittags werden Kleinigkeiten angeboten. 2019 feierte das Restaurant
seinen 50. Geburtstag, ein Indiz dafür, dass es nicht schlecht sein kann.

---

[18] Wörtlich „Reichsdenkmalregister"; vergleichbar mit der deutschen Denkmalliste.
[19] Iewal 14; http://dewatersport.nl
[20] Fermaningsteech 1; http://www.ponkje.nl

Wer es gerne fischig mag, der ist im *Visrestaurant VIS en MEER*[21] gut aufgehoben.

Einen besonderen Stil pflegt das Restauant *Omke Jan*[22] direkt neben der Windmühle *De Jager*. Hier können die Gäste zusehen, wie in der offenen Küche aus frischen regionalen und saisonalen Zutaten köstliche Gerichte entstehen.

Wenn man auf dem Wasser unterwegs ist, ist Woudsend ideal für den Einkauf von Lebensmitteln (z.B. für das folgende Rezept).

Leckeres aus der Kombüse

Radicchio-Nudeln

Vollkornnudeln, Radicchio, Zwiebel, Knoblauchzehen, Mozzarella-Käse, Salz, Pfeffer, Butter, Olivenöl, Essig, Bouillon

Zwiebel und Knoblauch fein würfeln, Radicchio in Streifen, Mozzarella in kleine Würfel schneiden.

Nudeln nach Packungsangabe in der Bouillon kochen.

In der Zwischenzeit Zwiebel und Knoblauch in Olivenöl anbraten. Radicchio hinzugeben und zugedeckt einige Minuten garen, bis der Radicchio leicht bräunlich wird. Mit Salz, Pfeffer und etwas Essig abschmecken (eventuell etwas Kochflüssigkeit hinzufügen).

Nudeln abschütten (etwas Kochflüssigkeit verwahren) und in einer Schüssel mit dem Radicchio vermischen. Den Mozzarella unterrühren (eventuell nochmals etwas Kochflüssigkeit hinzufügen).

Ungefähr 300 Meter entfernt vom *Recreatiecentrum de Rakken* gibt es einen SPAR-Supermarkt[23], der sogar sonntags geöffnet ist. Bei der Entfernung fällt es nicht schwer, einmal ein Gebinde Sprudelwasser bis zum Schiff zu schleppen.

---

[21] De Dyk 6; www.restaurantvisenmeer.nl

[22] Iewal 44, https://www.omkejan.nl

[23] Op e Romte 15

Weiter geht unsere Route zunächst nach Norden durch den **Woudsenderrakken (Wâldseinster Rakken)**, der sich kurz hinter Woudsend an einem Bungalowpark vorbei und dann durch grüne Wiesen schlängelt, bis er schließlich ins **Heegermeer (Hegemer Mar)** mündet. Kurz vorher gibt es noch Marrekrite[24]-Anlegeplätze an backbord, an denen man gut vor heftigen Süd- und Südwestwinden geschützt liegen kann[25]. Wir fahren über das Heegermeer (Hegemer Mar) nach NNW vorbei an der (liegegeldpflichtigen) kleinen Insel **Rakkenpolle**[26], die zwar sehr einladend aussieht, uns aber bei einer Tiefe von 1,10 Metern im Hafenbecken und noch weniger davor dieses Mal nicht geeignet erscheint. Mit einem kleineren Schiff haben wir dort allerdings einmal eine sehr ruhige Nacht und einen schönen, sonnigen Vormittag verbracht (übrigens kam niemand wegen des Liegegelds).

Heeg

Recht voraus liegt der Ort **Heeg (Heech)**, einst Zentrum für den Aalhandel mit London. Vom 17. bis Anfang des 20. Jahrhunderts fuhren *Palingaaken* (übersetzt: Aalschiffe) mit ihrer lebenden Fracht und drei Mann Besatzung über Zuiderzee und Ärmelkanal in die englische Hauptstadt – in Blütezeiten bis zu hundert Mal pro Jahr. Die Schiffe stammten aus einer Werft in Heeg, die 2009 eine Replik der alten Aak *Korneliske Ykes* baute. Diese hat gegenüber der Straße *De Syl* nun ihren festen Liegeplatz, wenn sie nicht gerade in Sachen Tourismus unterwegs ist. Heute ist Heeg eines der großen Wassersportzentren in Friesland. Dort wird man mit allem ausgestattet, was das Skipperherz begehrt. An Liegeplätzen gibt es kaum Mangel. Vier große Jachthäfen mit Passantenplätzen laden zum Verweilen

---

[24] Marrekrite ist ein Kooperationsverbund von 21 Friesischen Gemeinden, die zusammen zurzeit über 34 Kilometer Gratis-Anlegeplätze für etwa 3.500 Schiffe an ca. 300 Standorten für die Freizeitschifffahrt instand halten und finanzieren. Das Besondere an den Liegeplätzen: Sie befinden sich in der freien Natur und können in den allermeisten Fällen nur per Schiff erreicht werden. Maximale Aufenthaltsdauer 3 Tage. An ca. 70 Standorten ist Camping erlaubt, und an über 120 Standorten stehen Müllcontainer, die regelmäßig geleert werden. Wenn Sie diese tolle Einrichtung unterstützen wollen, dann kaufen Sie sich einen Wimpel – erhältlich z.B. in den örtlichen Sportgeschäften oder beim VVV (**V**ereniging van **V**reemdelingen**V**erkeer).

[25] N52°57.291' E5°36.859' (52.95485, 5.61431)

[26] N52°57.555' E5°36.474' (52.95924, 5.60789)

ein: *Jachthaven Eendracht*[27], *Jachtwerf Heeg*[28], *Ottenhome Heeg*[29] und der ausschließlich für Durchreisende vorgesehene, relativ neue und praktische, aber etwas unromantische *Passantenhaven Heegerwal*[30] mit ca. 160 Boxen. Viel mehr kann man aber über das Städtchen auch nicht sagen. Heeg ist nicht gerade bekannt für seine Sehenswürdigkeiten. Wir sind einmal in der Mittagszeit durch den Ort geschlendert, fanden ihn etwas gesichtslos und haben uns wieder zur Abreise entschlossen, weil wir meinen, es gibt in Friesland attraktivere Plätze.

Unsere Reise geht weiter in südwestliche Richtung durch das **Heegermeer (Hegemer Mar)**, das auf Höhe des Inselchens **Langehoekspôlle** nahtlos übergeht in den Binnensee **Fluessen (De Fluezen)**. Wir folgen immer dem Tonnenstrich und gelangen danach durch die kleineren Seen **De Oarden** und **De Morra** schließlich nach **Stavoren**. Insgesamt sind es etwa 20 km von Heeg nach Stavoren, davon die Hälfte über **Heegermeer (Hegemer Mar)** und **Fluessen (De Fluezen)**. Wenn man Pech hat, kann es insbesondere auf diesem Stück etwas ungemütlich werden, denn der Wind kommt in den interessanten (Urlaubs-)Monaten sehr häufig aus südwestlichen Richtungen. Das bedeutet, dass er – von Stavoren wehend – auf der langen Wasserfläche von Fluessen (De Fluezen) bis Heegermeer (Hegemer Mar) ordentliche Wellen vor sich auftürmen kann, die ein kleines Schiff ganz schön durchzurütteln vermögen. Trotzdem macht es wieder einmal Spaß, über eine größere Wasserfläche zu fahren. Man braucht sich vor allem nicht unbedingt an die betonnte Fahrrinne zu halten, denn auch außerhalb davon ist das Wasser – von einigen ufernahen Bereichen abgesehen – ausreichend tief (ca. 1,50 – 2,10 Meter laut ANWB-Karte). Aber Heegermeer (Hegemer Mar) und Fluessen (De Fluezen) sind Gewässer, auf denen man die Augen besonders offen halten sollte, denn zum einen ist die betonnte Fahrrinne identisch mit dem Johan-Frisokanaal, auf dem auch Berufsschiffe fahren können, zum anderen sind die Gewässer ein Eldorado für Segler, die insbesondere an Wochenenden scharenweise ihrer Passion

---

[27] http://jachthaveneendracht.nl; N52°58.120' E5°36.672' (52.96866, 5.61120)
[28] https://www.jachtwerf-heeg.nl/; N52°58.176' E5°37.117' (52.96961,5.61862)
[29] https://ottenhomeheeg.nl/; N52°58.471' E5°37.036' (52.97452,5.61726)
[30] http://www.heegerwal.nl; N52°57.834' E5°36.244' (52.96390, 5.60407)

nachgehen. Da muss man sich schon konzentrieren, dass man als Motorbootfahrer den Segelbooten nicht die Vorfahrt nimmt!

Auf der Strecke nach Stavoren haben wir einige reizvolle Anlegemöglichkeiten getestet. Da gibt es zum einen am Nordufer vom Heeger Meer[31] eine interessante Einrichtung der Marrekrite: Die sogenannten *MarBoeien*. Das sind am Grund verankerte blaue Kunststoff-Kugelbojen, auf denen eine weitere kleine Kugel mit der Bojenbezeichnung sowie ein großes Auge angebracht sind. Man nähert sich der Boje gegen den Wind, und ein Crewmitglied schnappt sich – z.B. mit dem Bootshaken – das Auge und zieht eine Festmachleine durch, die dann wieder zum Boot zurückgeführt und so festgemacht wird, dass etwa zwei bis drei Meter Abstand zur Boje bleiben. Im Vergleich zum Anlegesteg braucht man also nur eine Leine zum *afmeren* (anlegen, vertäuen, festmachen), und der Wind hält das Boot immer auf Abstand von der Boje. Angeblich sei die Verankerung der Boje

Plattbodenschiffe auf dem Heeger Meer

sicher bis Windstärke 12. Auch das Ablegen ist einfach: Leine lösen und durch das Auge zurückziehen, das Schiff wird dann durch den Wind von der Boje weggetrieben. Kollisionsgefahr quasi Null. Wir haben diese Liegemög-

---

[31] Ungefähre Position: N52°57.608' E5°34.651' (52.96013, 5.57752). Eine Übersicht über die Positionen aller zurzeit (2024) etwa 120 MarBoeien finden Sie bei http://www.marboei.frl/locaties.

lichkeit tagsüber bei Windstärke 3 ausprobiert und unsere Kaffeepause dort verbracht. Das war schon arg naturnah und etwas unruhig für volle Kaffeebecher. Aber bei ruhigem Wetter könnte das Verfahren durchaus einmal etwas für die Nacht sein.

Weitere sympathische Liegeplätze findet man an **Langehoekspôlle**[32], einem Inselchen mit einer Art Hafenbecken im Innern und schützendem Baumbestand (leider nicht am Südwestufer). Rund um die Insel – mit Ausnahme der ‚Hafen'-Zufahrt von Nordosten – ist das Wasser untief und nur geeignet für Boote mit sehr geringem Tiefgang. Das Hafenbecken selbst hat nach der offiziellen ANWB-Karte eine Wassertiefe von 1,50 Metern, was allerdings mit Vorsicht zu genießen ist. Im Internet gibt es Berichte von Skippern, die schon mit einem Tiefgang von 1 Meter im Schlamm steckten. Also am besten loten, loten, loten und die Insel langsam anfahren.

Auf unserer Weiterfahrt nach Südwesten passieren wir bei Tonne JF60 die kleine Insel **Nije Krúzpôle**[33]. Es empfiehlt sich die Anfahrt von Tonne JF60 Richtung ‚Hafen'-Einfahrt. Das kleine Hafenbecken weist ungefähr 50 Liegeplätze in Boxen auf sowie vier bis fünf Plätze, an denen man längsseits anlegen kann. In verkehrsarmen Zeiten kann man auch mit dem Schiff zwischen Dalbenreihe und Ufer anlegen. Wir haben an einem Septembernachmittag mitten in der Woche und bei ruhigem Wetter den stillsten Platz ergattert, den man dort finden kann: An der nördlichsten Ecke des Hafenbeckens haben wir rückwärts ‚eingeparkt' und auf dem Oberdeck bei einem Aperitif den Sonnenuntergang genossen.

Auf dem Weg nach Stavoren sollte man etwa zwischen Tonne JF50 und Tonne JF14 im gekennzeichneten Fahrwasser bleiben, denn beiderseits ist es an mehreren Stellen untief.

Ein letztes nettes und liegegeldfreies Plätzchen vor Stavoren haben wir am Nordufer von **De Morra** ausprobiert. Wendet man sich an Tonne JF14 nach steuerbord, dann findet man in der Zufahrt zum **Jan Broerskanaal** an

---

[32] N52°56.970' E5°32.890' (52.94950, 5.54817)
[33] N52°55.855' E5°30.732' (52.93091, 5.51221)

der Ostseite einen leider nicht windgeschützten Anleger[34] für sechs bis sieben Boote. Wenn man bei schönem Wetter das Glück hat dort zu liegen, dann kann man die herrliche Sicht auf eine ‚verkehrsberuhigte Zone' genießen, d.h. auf die Wasserfläche von De Morra, auf der sich fast ausschließlich und in einiger Entfernung der Durchgangsverkehr von und nach Stavoren bewegt.

Stavoren

Dorthin sind es jetzt nur noch ca. 6 Kilometer durch das letzte Stück Johan-Frisokanaal, vorbei an mehreren Marinas und Jachthäfen bis kurz vor die Schleuse hinaus aufs Ijsselmeer. Weil **Stavoren (Starum)** ein beliebter Ausgangspunkt für Törns auf dem Ijsselmeer ist, ist das Liegeplatzangebot entsprechend groß. Wir sind keine großen Freunde von Marinas und nutzen diese nur in Ausnahmefällen.

Kurioses am Rande

Auf unserem allerersten Törn fahren wir mit stolzgeschwellter Brust (wegen des frisch erworbenen Führerscheins) unseren ersten Hafen an und machen „mit Ach und Krach" vorwärts in einer Box mit Steg fest, wenn man dieses Gehampel überhaupt als Festmachen bezeichnen kann.

Eva springt an Land, und wie bei blutigen Anfängern nicht anders zu erwarten funktionieren die zu Hause an Küchentisch und -stuhl geübten Knoten im richtigen Leben nicht wirklich auf Anhieb („Ach"). Rolf will nun helfen und klettert ebenfalls vom Schiff. Leider hat er vergessen, die Maschine auf Leerlauf zu stellen, so dass sich das Schiff langsam aber nachdrücklich in den Steg bohrt („Krach").

Merke: Skipper hat an Land nichts zu suchen; er sollte sich besser um seinen eigenen Kram kümmern und dafür sorgen, dass das Schiff ruhig liegt und sich nicht selbstständig dem Festmachen widersetzt.

Also bevorzugen wir aufs Neue einen Liegeplatz an der Ortskade, und zwar im *Gemeindehafen Binnen*[35], der kurz vor der Schleuse an steuerbord liegt. Dort lädt unter anderem eine kleine Insel mit Landverbindung zum

---

[34] N52°53.837' E5°26.543' (52.89729, 5.44239)
[35] Position Gemeindehafen N52°52.804' E5°21.882' (52.88007, 5.36469)

Anlegen ein. Hier ist Platz für etwa 15 Schiffe – je kleiner desto mehr. Mittendrauf gibt's außerdem einen Spielplatz, also eine familienfreundliche Anlegemöglichkeit. Die Plätze an und rund um die Insel sind sehr begehrt, und so kann es dort recht voll werden. Wir hatten – weil Nebensaison – keine Probleme damit, aber in der Hauptsaison wird es im Gemeindehafen schon etwas eng, und man droht in Päckchen liegen zu müssen. Da ist es ratsam, zum Verbleiben nicht allzu spät anzukommen und sich einen Platz in der Stadsgracht zu suchen, wo wegen der Platzverhältnisse niemand auf die Idee kommt, eine zweite Reihe aufzumachen.

Stavoren ist mit Sehenswürdigkeiten nicht gerade gesegnet. Die Stadt wurde um das Jahr 900 gegründet und erfuhr ihre Blütezeit im Mittelalter, als von dort reger Handel unter anderem mit Ländern rund um die Ostsee betrieben wurde. Zum Ende des Mittelalters verlor Stavoren an Bedeutung und der Hafen versandete. Schuld daran war der Sage nach eine raffgierige Frau: Die *Vrouwe van Stavoren*, der man am Alten Hafen ein Denk- oder besser Mahnmal gesetzt hat.

In Kurzfassung verlief die Geschichte in etwa so:

Die Personen:

SIE: Reiche Kauffrau aus Stavoren, die noch reicher werden will
ER: Kapitän in ihren Diensten
Eine Dienstmagd
Stimme aus dem Off

Das Drama:

SIE: „Lauf aus und bringe mir das Kostbarste auf der Welt!"
ER: „Mach' ich."

MONATE SPÄTER

ER: „Bin zurück und habe Dir den besten Weizen der Welt mitgebracht."
SIE: „Spinnst Du? Was soll ich damit? Kipp das Zeug ins Meer!"

STIMME AUS DEM OFF:

„Das wirst Du büßen, gieriges Weib. Du wirst arm werden."

SIE (*wirft einen Ring ins Meer*):

„Nur wenn dieser Ring jemals wieder auftaucht, werde ich arm werden!"

KURZE ZEIT SPÄTER

Dienstmagd:

„Gute Frau, ich habe im Fisch für Ihr Abendessen Ihren Ring wiedergefunden! Ansonsten habe ich gehört, dass alle Ihre Schiffe gesunken sind."

STIMME AUS DEM OFF:

„Siehste? Und der ausgekippte Weizen wird die Hafenzufahrt verstopfen."

Nach einem wirtschaftlichen Zwischenhoch im 17. und 18. Jahrhundert ging es mit der Stadt im 19. Jahrhundert wieder bergab, und von der Pracht der einstigen Handelsmetropole blieb nicht viel übrig. Mit Phantasie kann man beim Vergleich von heutigem Stadtplan und historischen Stichen und Grundrissen die alte Ortsstruktur aus dem 17. Jahrhundert wiedererkennen, vor allem den *Alten Hafen*, in dessen Becken heute malerische Plattbodenschiffe liegen, und die Gracht längs der Voorstaat, die wegen ihrer romantischen Spiegelungen von Bäumen und Häusern einen Bummel lohnt.

Schade, dass man in die unmittelbare Umgebung des *Alten Hafens* und der alten Seeschleuse moderne Appartementhäuser und einen noch moderneren Multifunktionsbau mit Cafe, Geschäften und Informationsbüro gepflanzt hat. Der schöne Ausblick, den man von den Terrassen der Restaurants *De Vrouwe Van Stavoren*[36] und *Eetcafé De Visserman*[37] auf Hafenbecken, Seeschleuse und die malerische historische Ziehbrücke hat, leidet darunter.

---

[36] Havenweg 1; http://www.hotel-vrouwevanstavoren.nl

[37] Noord 14; http://www.de-visserman.nl

Stavoren: Alter Hafen

Heute lebt Stavoren vorrangig vom (Wasser-)Tourismus und ist wegen seiner Funktion als Tor Frieslands zum Ijsselmeer von zentraler Bedeutung insbesondere für Segler, die auf dem Ijsselmeer einen grandiosen Abenteuerspielplatz finden.

Über das Ijsselmeer

Das Wetter ist günstig. Es ist leicht bedeckt mit sonnigen Abschnitten, die Sicht ist hervorragend, und der Wind weht mit Stärke 2 bis 3 aus Südwest. Beste Voraussetzungen also für einen Ausflug aufs Ijsselmeer. Seit wir in Friesland unterwegs sind, war es Rolfs Traum, einmal das Ijsselmeer zu befahren, und sei es auch nur mit Landsicht. Nun – nach langen Jahren des Wartens – ist es endlich soweit. Bei unseren vorangegangenen Törns hatte entweder das Wetter nicht mitgespielt, oder bei passendem Wetter waren wir gerade ganz woanders in Friesland unterwegs. Heute jedoch finden wir ideale Bedingungen vor.

Bevor man sich aus den Kanälen hinausbewegt, ist ein Blick in den Chartervertrag oder ein Anruf beim Charterunternehmen nützlich, denn nicht selten ist das Befahren des Ijsselmeers ausgeschlossen, sei es wegen der Größe und Ausstattung des Schiffes oder aber wegen nicht ausreichender Fahrpraxis des Mieters. Zusätzlich sollte man beim Hafenmeister oder Schleusenwärter Informationen über die Wetterbedingungen einholen. Eine Kurzfassung für die nächsten drei Tage hängt meistens am *Havenkantoor*, und über kurzfristig zu erwartende Änderungen gibt der *Havenmeester* gerne Auskunft.

Mit unseren 12,20 Metern Länge, 120 PS und einem GPS-System an Bord hatten wir die Erlaubnis unseres Vercharterers. Aber auch wir dürfen nur bis Windstärke 4 in die vermeintlich grenzenlose Freiheit ausbüxen, jedoch ist uns weniger Wind schon lieber, weil gemütlicher.

Wir machen die Leinen los und tuckern gemächlich Richtung **Johan Frisosluis**[1]. Diese Schleuse ist die am meisten befahrene, wenn man aus Friesland aufs Ijsselmeer will. Dementsprechend groß ist natürlich der Andrang in den Top-Urlaubszeiten und an Wochenenden. Da will dann jeder morgens raus (besonders an Samstagen) und abends wieder rein

---

[1] N52°52.716' E5°21.785' (52.87860, 5.36308)

(besonders an Sonntagen); längere Wartezeiten und einiges an Gedränge sind somit vorprogrammiert. Inzwischen wurde das Nadelöhr jedoch deutlich entschärft: Im April 2014 wurde eine weitere Schleusenkammer in Betrieb genommen, was die Lage merklich entspannt hat. Weil wir wieder in der Nachsaison unterwegs sind, gibt es für uns kein Problem mit anderen Freizeitskippern. In der neuen Schleusenkammer haben wir zusammen mit drei weiteren Booten reichlich Platz.

Schleusen sind für uns auch nach einigen Jahren Fahrpraxis noch immer kleine Abenteuer. Man findet ständig verschiedene ‚Inneneinrichtungen' vor: Mal ein Seil entlang der Schleusenwand, mal sind Poller in die Wand eingelassen, oder die Mauern sind netterweise so niedrig, dass man von Bord aus ganz einfach an den Pollern oben auf der Wand festmachen kann, ein anderes Mal aber sind sie dann so hoch, dass die Poller überhaupt nicht erreichbar

Die Frouwe van Stavoren sagt: Tot ziens!

sind. Dann gibt es noch Schleusen, über die eine bewegliche Brücke führt, wobei man nicht weiß, ob sich die Höhenangabe im Wateralmanak auf das Oberwasser oder das Unterwasser bezieht. Nur eines ist klar in Friesland: Die Höhenunterschiede in den Schleusen sind gering.

Kaum haben wir die Leinen schleusengerecht angebracht, da geht auch schon das Tor Richtung Ijsselmeer auf und entlässt uns ins große Abenteuer. Bei Rolf hatte bereits im Vorfeld der Spieltrieb zugeschlagen. Er konnte es einfach nicht lassen, auf dem GPS ein paar Wegpunkte zu programmieren, um nun zum ersten Mal zu testen, wie man sich mit Hilfe von Satelliten über das Wasser bewegen kann. Das funktioniert prima, und Rolf zeigt

Eva mit Stolz, wie schön er im Autobahnmodus den Kurs halten kann, wie er dann den nächsten Wegepunkt aufruft und diesen nach Kurswechsel ebenfalls prächtig ansteuern kann. Aber mal ehrlich: So toll ist das Ganze bei guter Sicht nun auch wieder nicht. Man schaut gebannt aufs Display und peilt eine Tonne an, die man ohnehin mit bloßen Augen sieht, man spielt ‚Große Fahrt' und weiß genau, dass man in einem mehr oder weniger großen Tümpel rumtuckert. Selbst wenn man die rund 20 Kilometer quer über das Ijsselmeer fahren wollte, dann sieht man – sehr gute Sicht vorausgesetzt – schon von Stavoren aus auf der anderen Seite entweder die Spitze des 70 Meter hohen Glockenturms der Sint-Bonifaciuskerk von Medemblik oder die der 75 Meter hohen Zuider- oder Sint-Pancraskerk in Enkhuizen über den Horizont ragen. Wohlgemerkt: Bei sehr guter und klarer, dunstfreier Sicht!

Aber darauf sollte man sich nicht dauerhaft verlassen. *Het Ijsselmeer heeft zijn eigen weer*, das Ijsselmeer hat sein eigenes Wetter, sagen die Niederländer, und das kann man ruhig als Warnung betrachten. Konkreter lässt sich der Autor Manfred Fenzl in seinem Törnführer „Das Ijsselmeer"[2] über die dortigen Tücken des Wetters aus: Plötzlich auftretende Gewitter mit Sturmböen, drehende Winde, Nebel im Sommer, ordentliche Windstärken und die Wirkungen unterschiedlicher Windrichtungen sowie bisweilen recht unangenehmer Seegang. Also: Die Charterunternehmen denken sich schon was dabei, dass sie zur Vorsicht mahnen, wenn man aufs Ijsselmeer will, insbesondere mit einem Motorboot.

Aber machen wir weiter mit Schönwetterfahren. Die Orientierung auf dem Ijsselmeer wird hervorragend unterstützt durch eine umfassende Betonnung. Hierfür muss man jedoch unbedingt die aktuelle Seekarte[3] an Bord haben, denn jeder Skipper ist bekanntlich verpflichtet, sich das erforderliche aktuelle Kartenmaterial des befahrenen Reviers zu beschaffen. Die Karte gehört nicht zur Standardausrüstung eines Motorboots und muss in der Regel auf eigene Kosten erworben werden.

---

[2] *Manfred Fenzl*, **Das Ijsselmeer** (Mit Noord-Holland, Randmeeren, Flevoland, Vecht, Eem, Loosdrechtse Plassen, 8., aktualisierte Aufl. 2022, 224 Seiten, ISBN 978-3-667-12212-4

[3] ANWB Waterkaart 18: Ijsselmeer-Markermeer / Randmeren

Wir nehmen ab Stavoren nordwestlichen Kurs auf die Leuchttonne VF B[4], anschließend steuern wir in nordöstlicher Richtung die grüne Leuchttonne H1[5] in der Zufahrt nach **Hindeloopen (Hylpen)** an. Da heute kaum ein anderes Schiff unterwegs ist (Nebensaison, Wochenmitte), könnten wir jetzt eigentlich ,auf die Tube drücken' bzw. ,den Hebel auf den Tisch legen', d.h. mit voller Kraft voraus fahren. Aber das mit dem Übermut findet schnell seine Grenzen.

Wer nämlich erwartet, dass nun bei Vollgas so richtig die Post abgeht, wird enttäuscht sein. Die Charterboote in Friesland sind in der Regel schwere Stahlschiffe und damit sogenannte Verdränger, die unabhängig von der gewählten Tourenzahl des Motors immer mit dem gesamten Unterschiff unter der Wasseroberfläche liegen – im Gegensatz zu Gleitern, die sich bei zunehmender Geschwindigkeit vorne aus dem Wasser heben und in Gleitfahrt übergehen, was natürlich unheimlich spektakulär aussieht.[6]

Unsere FORTUNA ist so ein gemütlicher Verdränger, und uns sind dadurch in Bezug auf die Höchstgeschwindigkeit natürliche physikalische Grenzen gesetzt. Das Zauberwort heißt ,Rumpfgeschwindigkeit'. Das ist die höchste erreichbare Geschwindigkeit eines Verdrängers, und die ist abhängig von der Wasserlinienlänge des Schiffs. Man kann sich also noch so sehr anstrengen und bis zum Anschlag Gas geben, irgendwann wird das Boot nicht mehr schneller, sondern es schluckt nur (viel) mehr Sprit. Unser maximales Tempo (Rumpfgeschwindigkeit) beträgt ca. 14-15 km/h. Um nicht allzu viel Geld durch den Auspuff zu jagen, fahren wir etwas langsamer und genießen Wind, Sonne und Wellen auf dem Weg nach Hindeloopen. Wir wechseln uns am Ruder ab, so dass jeder ausreichend Gelegenheit bekommt, im Liegestuhl auf dem Achterdeck sein Gesicht in die warme Herbstsonne zu halten und beim monotonen Geräusch der Maschine von der Karibik oder gar vom Mittelmeer zu träumen.

---

[4] N52°54.305' E5°18.828' (52.90508, 5.31380)

[5] N52°57.014' E5°23.924' (52.95023, 5.39873)

[6] Zum Thema Verdränger und Gleiter sowie der im Folgenden angesprochenen Rumpfgeschwindigkeit siehe u.a. http://de.wikipedia.org/wiki/Verdränger_und_Gleiter

Hindeloopen

Nach einer guten Stunde erreichen wir die Einfahrt nach **Hindeloopen** *(Hylpen)*. Von jenseits des Deichs begrüßt uns der schiefe Turm der Grote Kerk aus dem 16./17. Jahrhundert, und über die Deichkrone lugen neugierig die spitzen Giebel kleiner Wohnhäuschen. Ab der Tonne H1 muss man unbedingt im Fahrwasser zwischen den Tonnen bleiben, denn abseits davon ist es untief. Kurz hinter der Einfahrt wenden wir uns nach backbord und fahren in den recht noblen *Jachthaven Hindeloopen*[7]. Da in der Nachsaison nicht viel los ist, finden wir sofort einen Liegeplatz, wo wir festmachen und uns auf ein ausgiebiges Frühstück auf dem Achterdeck freuen.

Der schiefe Turm von Hindeloopen: Hier einmal gerade

Gerade haben wir den Tisch gedeckt, da werden wir lauthals und bestimmt von der anderen Seite des Hafenbeckens auf ein schweres Versäumnis aufmerksam gemacht: Wir haben nämlich vergessen, uns am Meldesteiger beim Hafenmeister zu melden und um Erlaubnis zum Anlegen zu bitten. Das mag der gar nicht, und auch durch unseren schüchternen Einwand, wir seien doch nur *voor en ontbijt en voor een uurtje* hier, lässt er sich nicht erweichen und meint, sogar das koste schon 10 Euro Liegegeld. Exklusivität hat halt ihren Preis. Also Schluss mit Frühstück, alles wieder eingepackt, Leinen los und ab um die Ecke in den alten Hafen, früher Gemeindehafen und heute *Hylper Haven*, wo wir – obwohl der Hafen klein ist – noch einen Platz finden.

---

[7] http://www.jachthavenhindeloopen.nl; N52°56.691' E5°24.210' (52.94485, 5.40350)

Die Lust zum Frühstück ist uns vergangen, und wir entschließen uns stattdessen zu einem Bummel durch den Ort.

Es erweist sich als ausgesprochen lohnender Landgang, denn das Städtchen ist allerliebst. Wir waren schon länger neugierig auf eine der kleinsten Hafenstädte am Ijsselmeer, aber bislang hinderten uns immer zu niedrige feste Brücken an der Zufahrt aus dem Binnenland. Durch unseren Ijsselmeer-Trip haben wir es nun endlich geschafft, und wir fühlen uns auf Anhieb wohl.

Hindeloopen (Hylpen) wird erstmals im Jahre 825 urkundlich erwähnt. Im 14. Jahrhundert war der Ort ein wichtiger Fischerhafen. Seine Blütezeit erlebte er aber im 17. und 18. Jahrhundert, also im *Goldenen Zeitalter* der Niederlande. Damals verfügte Hindeloopen über eine Flotte von mehr als 80 Handelsschiffen, die große Mengen an Waren aus den niederländischen Kolonien importierten, welche man dann weiter nach Europa verkaufte. Besonders mit den Ländern rund um die Ostsee wurde intensiver Handel betrieben; beliebt waren unter anderem Genever und Wollstoffe. Aus dieser Zeit stammen auch die Hindeloopener farbenprächtige Kleidertracht und die Hindeloopener Malkunst (*Schilderkunst*), bei der Möbel, Kistchen, Koffer und Gebrauchsgegenstände mit filigranen Blumenmotiven dekoriert werden. Das *Museum Hindeloopen*[8] gibt Zeugnis von der Entwicklung des Städtchens und bietet Exponate zu Malerei, Tracht, Leben und Wohnen, Schifffahrt und Fischerei. Die Straßen und die pittoresken Kapitänshäuser (*Commandeurshuizen*) aus dieser Zeit zeugen heute vom einstigen Wohlstand Hindeloopens. Während der napoleonischen Zeit verlor der Ort an Bedeutung. Als dann nach einer zwischenzeitlichen Erholungsphase als Fischereihafen der Abschlussdeich gebaut wurde, versiegte schließlich der Fischfang als Einkommensquelle, und Hindeloopen wurde quasi zum Museumsort, der heute hauptsächlich vom Tourismus lebt.

Das alte Hansestädtchen ist zum Teil denkmalgeschützt, und das mit Recht. Es macht Vergnügen, zwischen niedrigen Häusern und an schmalen Grachten entlang außergewöhnliche Geschäfte und originelle Boutiquen aufzustöbern. Enge Gassen, historische Gebäude, kleine Holzbrücken und

---

[8] Dijkweg 1; http://www.museumhindeloopen.nl

besonders die Gegend um den alten Hafen mit der historischen Seeschleuse laden zum Bummeln ein. Sehenswert ist dort das ehemalige Hafengebäude und heutige Schleusenwärterhaus mit seinem Glockenturm und der sogenannten ‚Lügenbank', einem überdachten Vorbau, der früher als Fisch-Auktionshalle diente und wo sich heute auf einer Bank vornehmlich ältere Seeleute und Dorfbewohner gegenseitig ihre ‚wahren' Abenteuer erzählen.

So langsam macht sich bei uns Magenknurren bemerkbar, denn – siehe oben – man hatte uns ja beim Frühstück gestört. Also gehen wir auf Futtersuche und geraten bei unserem Spaziergang nahe einer der niedlichen Holzbrücken an eine Nahrungsquelle besonderer Art: Das *Pannenkoekenrestaurant De Friese Doorlooper*[9]. Hier erwarten uns auf der Karte eine

Hindeloopen: Blick auf die Alte Schleuse

Handvoll Suppen und Salate, sechs verschiedene (süße) Waffeln, 24 süße und 27 mehr oder minder deftige Pfannkuchen sowie fünf kleinere für Kinder, diverse Uitsmiters, Toasts, Omeletts und belegte Brötchen. Wir lassen es uns im Sonnenschein auf der Terrasse über der Gracht schme-

---

[9] Kleine Weide 1-3; http://www.pannenkoekenrestaurantdefriesedoorloper.nl/home/

cken und sind im Nachhinein froh, vom Hafenmeister aus dem ‚Paradies'
vertrieben worden zu sein.

Das Restaurant gehört zum *Bedrijf Bootsma Hindeloopen*[10], der heute
noch die Hindelooper Schilderkunst betreibt und wo man gerne bei der
Arbeit zusehen darf. Zudem hat die Familie Bootsma 1983 das *Eerste Friese
Schaatsmuseum*[11] eröffnet. Nach einigen Erweiterungen ist es heute das
größte Schlittschuh-(lauf)museum mit der umfangreichsten Schlittschuh-
sammlung der Welt und mit Ausstellungsobjekten zur Schlittschuhproduk-
tion sowie umfassenden Informationen zum Elfstedentocht, dem traditionellen Natureis-Langstreckenrennen über fast 200 km durch Friesland. Das
wurde allerdings mangels geschlossener Natureisdecke auf Kanälen und
Seen seit 1909 bislang nur fünfzehnmal veranstaltet, zuletzt im Jahre 1997.

Nach so viel Geschichte, Kunst und Sport zum Schluss noch ein liebens-
wertes Detail aus dem Hindelooper Musikleben: Der *Viswijvenkoor Grietje
Sprot*[12] von 1993. Der Fischerfrauenchor tritt in Arbeitskleidern und Trach-
ten der 1920er Jahre auf und singt zum Schifferklavier mit Hingabe und
Elan Lieder über das Schicksal von Seeleuten und Fischern sowie Liebe und
Leid von Fischersfrauen. Wer sich das nicht vorstellen kann, hat die Möglichkeit, sich eine Kostprobe[13] davon anzuhören.

Der Abschied von Hindeloopen fällt etwas schwer, aber wir wollen noch
eine Prise Ijsselmeerluft schnuppern. Also Leinen los und durch das betonnte Fahrwasser hinaus bis zur Tonne H2-W1[14], dann in fast nördlicher
Richtung, einfach immer entlang der rot-weißen Tonnen (Bezeichnung
MW), die wir an steuerbord liegenlassen. Ungefähr ab Tonne MW 26[15]
steuern wir in nordwestlicher Richtung die Leuchttonnen VF 7 und VF 8[16]
an und bleiben dann im Fahrwasser bis zur Tonne VF 2-MA 1[17], von wo wir

---

[10] http://www.bedrijfbootsma.nl
[11] Kleine Weide 1-3; http://www.schaatsmuseum.nl/home/
[12] http://www.grietjesprot.nl
[13] https://www.youtube.com/watch?v=wl0ryfAX8rE
[14] N52°57.508' E5°23.470' (52.95847, 5.39116)
[15] N53°00.397' E5°22.141' (53.00661, 5.36902)
[16] N53°02.207' E5°20.990' (53.03679, 5.34983)
[17] N53°03.801' E5°20.658' (53.06336, 5.34430)

unsere Anfahrt auf Makkum beginnen. Durch den letzten Schlenker haben wir ein Gebiet umfahren, das für Kitesurfer reserviert ist. Die Strecke von Hindeloopen nach Makkum (Schleuse) beträgt knapp 20 Kilometer, was bei gemütlicher Fahrt zwischen anderthalb und zwei Stunden dauert.

Wir nutzen diese Zeit, um wieder die Nasen in die Sonne zu halten und ein Fazit unseres Ijsselmeer-Trips zu ziehen. Auf der Haben-Seite verbuchen wir das schöne Wetter, die Weite des Wassers (zumindest zur Backbordseite hin) und unseren Hindeloopen-Aufenthalt, der uns vom Festland aus per Schiff bislang vorenthalten geblieben war. Auf der anderen Seite der Bilanz aber steht leider ein gewisses Maß an Langeweile, denn über drei bis vier Stunden nur einfach stur Kurs halten und bei erhöhten Drehzahlen vor sich hin brummen, kann das Herz eines Motorboot-Skippers nicht wirklich erfreuen, auch wenn sich das Wasser heute besonders schön blaugrün zeigt. Es ist einfach nichts los an Bord. Also beschließen wir, das Ijsselmeer demnächst den Seglern zu überlassen, für die das ein Abenteuerspielplatz ohne Ende ist. Bei denen ist nämlich wirklich Leben unter dem Großbaum, wenn man gegen den Wind kreuzt, der eine oder andere Brecher überkommt oder man einfach mit dem Wind ordentlich Fahrt machen kann.

Makkum

Wir sind inzwischen im *Makkumerdiep (Makkumer Dijp)* angekommen, passieren die *Marina Makkum*[18] und steuern die Schleuse an, deren Zufahrt[19] sich ein wenig verbirgt.

Hinter der Schleuse entschädigt uns das Örtchen *Makkum* mit einer Bilderbuchdurchfahrt, aber wir bleiben erst einmal hier und schauen uns das frühere ‚Tor zur Zuiderzee' genauer an. Gut 100 Meter hinter der Vallaatsbrug bietet der Kanal *Groote Zijlroede (Grutte Sylroede)* eine Vielzahl an wirklich gepflegten Stadt-Liegeplätzen (ohne Stromanschluss), an steuerbord an einer Wiese, an backbord entlang einer Straße mit typischen an-

---

[18] www.marinamakkum.nl ; N53°03.302' E5°23.336' (53.05503, 5.38893)
[19] N53°03.267' E5°24.115' (53.05446, 5.40192)

derthalbgeschossigen Häuschen und mit zum Teil kunstvoll verzierten Giebeln und Fassaden. Diese Gebäude wurden als städtebaulich und historisch wertvoll eingestuft und gehören neben zahlreichen anderen zum staatlich geschützten Stadtbild aus dem 17. Jahrhundert. Schlendert man diese Straße (Turfmarkt) in Richtung Westen, dann erreicht man am Ende den Markt, ein belebtes, sympathisches Geschäftssträßchen. Dort liegt unter anderem das sehenswerte Waagegebäude mit angegliederter Waagemeisterwohnung aus dem Jahre 1698, eines von über 50 Bauwerken in Makkum, die im Rijksmonumentenregister[20] geführt werden. Es gibt also beim Rundgang einiges zu entdecken, besonders im Umfeld unserer ‚geliebten' Schleuse, die übrigens ebenfalls zu den Rijksmonumenten gehört. Nehmen Sie sich also Zeit! Vielleicht gönnen Sie sich zwischendurch eine Pause im *Café Restaurant De Zwaan*[21] und genießen dort die lokale Spezialität, einen mit Nüssen, Mandeln, Aprikosenmarmelade und kandierten Früchten gefüllten Hefe-Rosinen-Kuchen namens *Makkumer Mieck*.

Kurioses am Rande

Wir dümpeln vor dem Schleusentor von Makkum, das sich bald öffnet und den Blick auf ein Bauwerk aus dem Jahre 1606 freigibt, das 1778 noch einmal erweitert wurde. Wir wollen beherzt einfahren, müssen aber erkennen, dass die über der Schleuse liegende Drehbrücke noch nicht zur Seite geschwenkt ist. Also noch einmal kurz aufstoppen, und dann hinein in die Kammer.

Die Schleuse ist nicht gerade riesig, und wir füllen sie in Länge und Breite mit unserem Schiff jeweils zur Hälfte aus. Eva steht nach alter Gewohnheit mit dem abgezählten Schleusen- und Brückengeld für Makkum auf dem Vorschiff und wartet auf den Klompen an der Angel. Da tut sich aber nichts, und so will sie sich darum kümmern, das Schiff schleusengerecht am Bug festzumachen. Leider sind alle Festmachmöglichkeiten in der Schleusenwand unterhalb unserer Bordkante, und weil sie sich nicht den Arm zwischen Schiff und Schleusenmauer einklemmen will, steht sie etwas ratlos da. Da die Schleuse aus Zeiten stammt, als das Ijsselmeer noch ein Tidengewässer war, sind auch die Wände entsprechend hoch, so dass man an die Poller oben nicht herankommt. Rolf hat ähnliche Schwierigkeiten, findet aber wenigstens für das Heck einen mehr oder weniger festen Halt. Nun steht er da mit der Leine in der Hand, als ihm der Klompen vor die Nase

---

[20] http://nl.wikipedia.org/wiki/Lijst_van_rijksmonumenten_in_Makkum
[21] Plein 1; http://www.dezwaan-makkum.nl

Makkumer Geschichte ist untrennbar mit der Herstellung von Kacheln verbunden. Seit dem 17. Jahrhundert findet man dort Ziegeleien und Kachelwerkstätten. Auch wenn es etwas irritiert, aber hier wurden und werden Delfter Kacheln hergestellt. Die Stadt Delft verlor als Kachelproduzent im 17. Jahrhundert an Bedeutung und wurde unter anderem von Makkum abgelöst. Heute ist die *Koninklijke Tichelaar Makkum* die Steinwerdung

Ortsdurchfahrt in Makkum

dieser Entwicklung. Ihre Geschichte beginnt schon um 1572; ein entsprechender Hinweis ist auf einer spanischen Karte zu sehen. Damit ist sie eines der ältesten Unternehmen in den Niederlanden. Anfangs produzierte man Ziegelsteine, später Tonwaren und Fliesen. Seit 1890 ist man dort spezialisiert auf hochwertige Keramik, inzwischen vor allem Baukeramik, u.a. für Fassaden. Leider ist das Geschäft, in dem man früher Kacheln, Vasen, Schüsseln, Teller, Servierplatten, Kerzenleuchter und anderes mehr bestaunen, anfassen und kaufen konnte, offenbar der Rationalisierung zum Opfer gefallen und inzwischen geschlossen; ein webshop, den es nun stattdessen gibt, kann dieses Erlebnis einfach nicht ersetzen.

Trotzdem: Makkum gefällt uns, und wir beschließen, über Nacht zu bleiben und es uns an Bord mit einem schönen Abendessen gemütlich zu machen:

Leckeres aus der Kombüse

Schweinefilet mit Salsa Verde

Schweinefilet, Petersilie, weitere frische grüne Kräuter nach Geschmack (z.B. Basilikum, Dill, Rauke, Kerbel, Schnittlauch), Zitronensaft, Kapern, 1-2 Sardellenfilets, Öl, Pfeffer, Salz, Bouillon

Kräuter, Kapern (abgetropft) und Sardellenfilets sehr fein hacken, mit Öl, Pfeffer und Salz zu einer nicht allzu festen Kräuterpaste verarbeiten. Mit Zitronensaft abschmecken und nach Geschmack mit etwas Bouillon verlängern.

Schweinefilet in dünne Medaillons schneiden, diese mit dem Handballen flach drücken, mit Salz und Pfeffer würzen und die Scheiben von beiden Seiten kurz und heftig anbraten.

Auf Tellern verteilen und die Kräutersauce darüber geben.

Variation: *Die Kräuterpaste mit Salatmayonnaise, Joghurt und Senf verrühren, zu hartgekochten Eiern oder Matjesfilet und Pellkartoffeln servieren.*

Von Kräuterschnaps zu Kräuterschnaps

Über die *Groote Zijlroede (Grutte Sylroede)* verlassen wir Makkum Richtung Osten und gelangen hinter der Hemmensbrug (Hemmens Brege) in den *Van Panhuyskanaal*, dem wir die nächsten 5 Kilometer bis Tjerkwerd und zur Einmündung in die *Workumertrekvaart (Warkumer Trekfeart)* folgen. Es geht fast schurgerade voran, durch Wiesen und Felder, vorbei an offensichtlich glücklichen Kühen. Die Brücken unterwegs sind gratis (wie überall in Zuidwest-Friesland) und öffnen sich bei Annäherung wie von Geisterhand auch ohne *Klompengeld*. Pausen sind auf dieser Strecke anscheinend nicht vorgesehen, denn nette Liegeplätze in der freien Natur gibt es leider nicht, jedoch Festmachmöglichkeiten bei den Brücken.

Bolsward

Hinter der Van Panhuysbrug geht es nach backbord drei Kilometer nach Norden über die *Workumertrekvaart (Warkumer Trekfeart)* bis zur Kruiswaterbrug[1], der Einfahrt nach *Bolsward (Boalsert)*. Beim Passieren wird hier wieder einmal eine Autobahn blockiert, bevor die zwei Brücken – je eine pro Fahrtrichtung – für ein paar Freizeit-Skipper hochgeklappt werden. Danach kann man mit dem Boot nahezu bis mitten in die Stadt gelangen. An der Stadsgracht gibt es zwar eine Reihe von Liegeplätzen (angeblich um die hundert), aber am besten kommt man frühzeitig an, denn es kann durchaus zu argem Gedränge und Päckchenliegen kommen. Die schönsten und ruhigsten Anlegemöglichkeiten sind unserer Meinung nach die an der Stadsgracht zwischen der *Blouwpoortsbrug* und der *Gijsbert Japicxsbrug*[2]; dort gibt es auch Duschen und Toiletten (Zugangsdaten beim Brückenwärter der Blouwpoortsbrug oder beim Hafenmeister). In der Nachsaison fanden wir dort sogar noch nachmittags einen lauschigen Platz und konnten unbeschwert zu einer Stadtbesichtigung aufbrechen.

---

[1] N53°03.474' E5°31.160' (53.05790,5.51933)
[2] N53°03.759' E5°31.064' (53.06265,5.51773)

Bolsward (Boalsert) ist mit rund 10.000 Einwohnern eine besonders liebenswürdige kleine Stadt, die zum Aufenthalt reizt und die man sich nicht entgehen lassen sollte. Sie bietet alles, was man von einer friesischen Stadt erwartet: Ein historisches Zentrum, viele Geschäfte und Geschäftchen, Essen und Trinken in allen Preis- und Qualitätslagen, lebendiges Leben und natürlich ein Glockenspiel im Rathausturm.

Das Stadtzentrum wird von der Stadsgracht umschlossen, die sich besonders im südlichen Teil stimmungsvoll und malerisch präsentiert. Das mittelalterliche Stadtbild, das von kleineren Grachten durchzogen und fast originalgetreu erhalten geblieben ist, spiegelt eine lange Geschichte wider. Schon 1020 besaß die spätere Hansestadt das Münzrecht, und 1455 wurden ihr die Stadtrechte verliehen. Darauf entwickelte sich Bolsward zu einem blühenden Handelszentrum, vor allem für Butter und Käse. Zahlreiche Baudenkmäler verleihen dem historischen Zentrum seinen besonderen Charme und lassen den früheren Wohlstand erahnen. Am Ende der Marktstraat, einer betriebsamen Shopping-Meile beiderseits einer Gracht, ragt stolz der achteckige Turm des *Stadthuis* aus

Bolsward: Rathaus und Marktstraat

dem 17. Jahrhundert in den Himmel. Mit seiner imposanten Freitreppe und der reich verzierten Fassade ist das Gebäude ein Schmuckstück niederländischer Baukunst. Nachdem *Bolsward* 2011 in der Gemeinde Südwest-Friesland aufging, verlor das Rathaus seine Funktion und wurde inzwischen umstrukturiert zum Kulturhistorischen Zentrum *De Tiid*[3] mit Stadtarchiv, Bibliothek, VVV, Museum, Hochzeitssaal und Gastronomie.

---

[3] https://detiid.nl/

Die *Martinikerk* im Norden des Stadsgracht-Rings hat es uns besonders angetan. Das Gotteshaus aus dem 15. Jahrhundert ist für uns eine der wenigen Kirchen, die von innen schöner aussehen als von außen. Die dreischiffige Basilika mit ihrem mächtigen viereckigen Turm überzeugt durch ihren hellen, klar strukturierten und überwiegend in weiß gehaltenen Innenraum. Über den Chor spannt sich ein interessantes Gewölbe, am anderen Ende des Kirchenschiffs schwebt eine wunderschöne Orgel, und eine Vielzahl von kunstvoll gestalteten Grabplatten schmückt den Boden. Meisterhafte Schnitzereien an Kanzel und Chorgestühl aus dunklem Holz stehen in angenehmem Kontrast zum Weiß der Säulen und runden den außergewöhnlichen Gesamteindruck ab.

Lichtdurchflutete Broerekerk

Faszinierend auch die Ruine der *Broerekerk* aus dem 13. Jahrhundert, die 1980 ausbrannte und deren Mauern restauriert und mit einem Glasdach versehen wurden. Heute finden hier Kunstmärkte, Hochzeiten, Konzerte, Kunstausstellungen und viele andere Veranstaltungen statt. Auf dem Platz vor der Kirche überrascht uns die riesige Skulptur einer Fledermaus, die dort anlässlich der Ereignisse rund um die Kulturhauptstadt Leeuwarden 2018 gelandet ist und Wasser speit.

Nach so viel Schöngeist jetzt zum Weingeist: Bolsward ist Heimat der Firmen *Sonnema*[4] und *Us Heit*[5]. Erstere produziert seit 1860 den Kräuterbitter *Berenburg*, eine friesische Spezialität. Die Grundidee, eine Art ‚Aufgesetzten‘ aus einer Kräutermischung und Genever herzustellen, hatte man bei dem Amsterdamer Gewürzhändler Hendrik Beerenburg entdeckt, der sich mit Doppel-E schrieb.[6] Weil der Firmengründer Fedde Sonnema jedoch die Rezeptur geändert hatte, nicht aber auf den bekannten Namen verzichten wollte, ersetzte er kurzentschlossen das Doppel-E durch ein einfaches. Was würde die EU heute wohl zu einer solch frechen ‚Markenadaption‘ sagen? *Us Heit* ist eine junge kleine Privatbrauerei, die neun verschiedene naturreine Biere braut und außerdem noch einen hochwertigen Single Malt Whisky brennt. Beide Unternehmen kann man besichtigen, was wir uns allerdings verkniffen haben, denn wir wollen ja noch weiter.

In Bolsward braucht man nicht zu verhungern. Eine Reihe von Eetcafés, Snackbars, Pizzerien und Restaurants offeriert eine Vielfalt ansprechender Gerichte. Auch Selbstversorger müssen nicht darben: Drei Supermärkte bieten alles, was das Herz begehrt.

Wer mit einem Schiff mit geringer Durchfahrtshöhe unterwegs ist, dem stehen nun zwei Routen Richtung Norden zur Verfügung: Die Harlingervaart (Harnzer Feart) Richtung Harlingen (maximale Höhe 2,45 m) oder die Bolswardertrekvaart (Boalserter Feart) nach Leeuwarden (maximale Höhe 2,50 m)[7]. Wir aber lassen wegen unserer 4,25 m Höhe erneut die Autobahn sperren und fahren zurück Richtung Süden, wieder über die **Worku-**

---

[4] Stoombootkade 12; https://www.sonnema.nl

[5] Snekerstraat 43; http://www.usheit.com

[6] Hendrik Beerenburg mischte und verkaufte seine bei Seeleuten sehr beliebten Beutel mit getrockneten Kräutern, die man dann in Genever ein paar Tage ziehen ließ und einen herrlichen Kräuterschnaps erhielt. Beerenburg hatte damit den ersten Instant-Schnaps erfunden.

[7] Eine detaillierte Beschreibung dieser und weiterer Routen mit niedrigen festen Brücken finden Sie bei *Rolf Marfeld, Eva Lorenz: Friesland 2.5 - Charter und Routentipps für flache Motoryachten und niedrige Brücken, 2. Auflage, Books on Demand, Norderstedt, Januar 2024, ISBN 9783758313578*

mertrekvaart (Warkumer Trekfeart), nach Workum. Das sind ungefähr zehn Kilometer Landschaft zum Träumen. Es geht zwar an einer Straße entlang, aber die führt durch sattgrüne Wiesen und Weiden, durch kleine fotogene Dörfer, vorbei an Kirchtürmen, Schilf säumt die Ufer, statt durch Schranken werden die Straßen bei Brückendurchfahrten von Hand durch Eisentore gesperrt, und alles ist flach, flach und nochmals flach. Eine holländische Bilderbuchlandschaft also, nur völlig ohne die klassischen Windmühlen. Unterwegs passieren wir vier Brücken, die früher unsere Kriegskasse ordentlich geplündert haben, inzwischen aber brückengeldfrei sind.

Workum

Am Ortseingang von **Workum (Warkum)** drehen wir nach steuerbord ab, fahren durch die Sudergobrug (Sudergoabrêge) und finden am Trekwei[8] gegenüber dem *Jachthaven Bouwsma*[9] mit 30 Passantenliegeplätzen einen netten Ruheplatz. Landeinwärts der Schleuse gibt es in den anderen Jachthäfen weitere ca. 70 Liegeplätze, und außerdem macht der Ort den Eindruck, dass man überall anlegen kann, wo es Wasser gibt. Vielleicht waren wir mit unserer Liegeplatzwahl etwas vorschnell, aber die Entfernungen sind wieder so gering, dass wir uns schon nach 10 Minuten Fußweg auf dem Marktplatz im Zentrum umschauen können.

Workum hat seit 1399 Stadtrechte und ist damit eine der jüngsten der friesischen *Elf Steden*. Das Stadtbild und zahlreiche Gebäude sind denkmalgeschützt. Eine Reihe stilvoller und zum Teil reich verzierter Giebelhäuser – viele davon aus dem 15. bis 18. Jahrhundert – prägen das Gesicht des Ortes. Es macht einfach Spaß, durch dieses historisch bemerkenswerte Ensemble zu schlendern und den Atem vergangener Zeiten zu spüren, als Workum noch seinen Wohlstand aus dem Überseehandel (vor allem mit London) mit Aalen und dem Bau von sogenannten Palingaaken bezog.

Ein städtebauliches Highlight in Workum ist *De Merk*. Der Marktplatz im Stadtkern ist ein Ort, der sich insbesondere im Sommer als Terrasse

---

[8] N52°59.018' E5°27.171' (52.98363, 5.45285)
[9] http://www.watersportwinkeldeliefde.nl/jachthaven; N52°59.018' E5°27.247' (52.98363, 5.45412)

Workums präsentiert und wo Geschäfte, Restaurants und Straßencafes für reges Leben sorgen. Hier findet man die bekanntesten Sehenswürdigkeiten von Workum. Da ist zum einen *De Waag*, ein trutziges Backsteingebäude aus dem Jahre 1650, dessen Dachecken von vier Löwen mit Wappenschildern bewacht werden. Schräg gegenüber steht das erste und älteste

Workum: De Waag

Stadthuis Frieslands aus dem 15. Jahrhundert mit einer noch erhaltenen hölzernen historischen Arrestzelle, *It Kasjot*, einst temporärer Aufenthaltsort für zwielichtige Gestalten und Alkoholisten. Hinter *De Waag* erhebt sich die *Gertrudiskerk* aus dem 15. Jahrhundert mit ihrem klotzigen freistehenden Turm.

Wenn Sie Lust auf originelle Kunst haben, sollten Sie sich unbedingt das *Jopie Huisman Museum*[10] anschauen, eine Sammlung von Bildern des friesi-

---

[10] Noard 6; http://www.jopiehuismanmuseum.nl

schen Autodidakten (1922-2000), der vor seiner Malerkarriere als Schrott- und Lumpensammler und -händler sein Brot verdiente. Hier bekam er viele Anregungen für seine späteren Stillleben. Aber auch bissig-humorvolle, teils karikative Portraits seiner Zeitgenossen gehören zu seinem Gesamt-opus. Seit seiner Eröffnung 1986 hat das Museum bereits über 2 Millionen Besucher angelockt.

Als Seebär könnte Sie vielleicht die Schiffsbauwerft *De Hoop*[11] neben der alten Meerschleuse interessieren. Seit mehr als drei Jahrhunderten – genauer seit 1694 – werden hier Schiffe gebaut und restauriert. Noch heute ist die Werft in Betrieb, und wenn Sie Glück haben, können Sie auf Anfrage einen Blick hinter die Kulissen werfen.

Kulinarisch bietet Workum die gesamte Palette, von Snacks bis zu hochwertigen Restaurants, Fisch, Fleisch, Geflügel und auch Vegetarischem in Französisch, Chinesisch, Italienisch und natürlich Friesisch. Viele Restaurants greifen für ihre Gerichte gerne auf regionale Zutaten zurück, was sich in der Qualität niederschlägt. Direkt neben der Schiffsbauwerft *De Hoop* liegt das Restaurant *Séburch*[12], eine alte Seemannsunterkunft von 1850. Aus dem Restaurant in der ersten Etage bietet sich ein Panoramablick über Werft, Schleuse und den Passantenhafen am Ijsselmeer. Speise- und Wein-karte können sich durchaus sehen lassen. Wir aber wollen die abendliche Atmosphäre des Marktes genießen, wo man aus zwei Restaurants den Blick auf *De Waag* und die *Gertrudiskerk* genießen kann: das *Restaurant Folkerts*[13] und *De Gulden Leeuw*[14]. Ein frisch gezapftes niederländisches Bier darf dazu nicht fehlen.

Am nächsten Morgen wenden wir FORTUNA auf engstem Raum und machen uns auf den (Wasser-)Weg zu einer Seenplatte von besonderem Reiz. Hierfür geht es zunächst durch die Sudergobrug, die wir schon von der Anfahrt kennen, dann geradeaus weiter zum **Klifrak**, wo wir auf eine Eisenbahnbrücke, die Klifrakspoorbrug treffen. Bei Eisenbahnbrücken ist manchmal Geduld gefragt. Zwar sind sie wie fast alle anderen Brücken in

---

[11] Seburch 7; http://www.werfdehoop.nl

[12] Seburch 9; http://www.seburch.nl

[13] Merk 26, http://restaurantfolkerts.nl/

[14] Merk 2, https://deguldenleeuw.nl

Friesland durchgehend von 9:00 Uhr bis 19:00 (von Juni bis September sogar bis 20:00 Uhr) in Betrieb, aber bei diesen speziellen Brücken muss man sich natürlich außerdem nach den Zugfahrplänen richten. Es gibt zudem keinen Brückenwärter vor Ort, denn die Brücke wird von Groningen (!) aus bedient. Also sind auf beiden Seiten der Brücke an den Wartesteigern Druckknöpfe angebracht, von denen es nun den diesseitigen zu treffen gilt, damit man in Groningen weiß, dass Eva und Rolf 80 Kilometer Luftlinie entfernt in Workum durchfahren wollen. Ein paar Augenblicke später ertönt lautes krächzendes Getöse aus einem Lautsprecher über dem

Meldeknopf. Zu verstehen ist absolut nichts – und das liegt **nicht** daran, dass es sich vielleicht um Niederländisch handeln könnte. Mit Mühe kann man immerhin eine menschliche Stimme dahinter ausmachen. Jedenfalls war die Tonqualität deutlich besser, als Apollo 13 im Jahre 1970 meldete "Houston, we've had a problem here". Egal, wir nehmen das unidentifizierbare Gekrächze als Zeichen, dass man auf uns aufmerksam geworden ist, und tatsächlich gibt uns, nachdem noch ein Zug vorbeigerauscht ist, die Drehbrücke endlich freie Fahrt.

Hungrige Besucher

Gut zwei Kilometer weiter[15] stoßen wir auf die Zufahrt zu der Seenplatte Flakke Brekken (Vlakke Brekken), Oudegaaster Brekken (Âldegeaster Brekken) und Ringwiel. Der Kanal heißt De Grons (De Grûns) und führt hinter einer kleinen Fähre in ein betonntes Fahrwasser, das man nicht verlassen sollte. Der frühere Flaschenhals für den Zugang zum Oudegaaster Brekken (laut ANWB-Karte mit einer Tiefe von 1,00 Meter) ist seit langem

---

[15] N52°58.254' E5°29.517' (52.97091, 5.49195)

auf 1,50 Meter ausgebaggert[16]. So eröffnet sich mit dem Oudegaaster Brekken ein landschaftlich reizvolles Meer mit Wassertiefen zwischen 1,40 und 1,90 Metern und einigen besuchenswerten Marrekrite-Plätzen, besonders an der kleinen Halbinsel am Südufer von Bombrekken[17] sowie drei MarBoeien. Leider verläuft im Norden in hörbarem Abstand die von der Drehbrücke schon bekannte Eisenbahnlinie, die Workum und Sneek von ca. 6:30 Uhr bis ca. 22:30 Uhr in beide Richtungen im Stundentakt verbindet.

Ziemlich neu auf dem See sind zwei künstliche Inseln: *Beekhuspolle (Bekema's pôle)*[18] mit über 100 Metern Wiesenanlegeplätzen der Marrekrite und ein weiteres gemütliches Inselchen *(Boterpôlle)*[19] mit zusätzlichen 40 Metern.

Am Nordufer, wo ältere Karten ganz unromantisch ein Pumpwerk (*Gemaal*) eingezeichnet hatten, liegt ein historisches Kleinod aus der Zeit, als es den Abschlussdeich noch nicht gab: Die *Molen Doris Mooltsje*[20]. Die Mühle ist die älteste Spinnenkopf-Windmühle Frieslands und mit 15,50 Metern Spannweite wahrlich ein Prachtexemplar ihrer Gattung. Sie pumpte ab Ende des 18. Jahrhunderts Wasser aus dem dahinter liegenden Polder. 1934 wurde sie zum Teil abgerissen; die Pumpen wurden nun mit Motoren betrieben. Als sie 1992 komplett verschwinden sollte, gründeten Mühlenfreunde die *Stichting Doris Mooltsje* und sorgten für den Wiederaufbau. Seit 1998 dreht sich die Mühle wieder in alter Pracht.

Oudega

Am Ostende des Oudegaaster Brekken können wir das liebenswerte Örtchen **Oudega (Aldegea)** ansteuern, das für viele Wassersportler ein idealer Ausgangspunkt für ihre Aktivitäten ist. Der Hafen zieht sich bis ins

---

[16] Mitteilung des VVV ZuidwestFriesland vom 18.9.2015 an die Verfasser.

[17] N52°59.682' E5°30.449' (52.99470, 5.50748) und N52°59.760' E5°30.566' (52.99601, 5.50943)

[18] N52°59.617' E5°30.921' (52.99362,5.51534)

[19] N52°58.865' E5°30.314' (52.98108,5.50523)

[20] http://www.dorismooltsje.nl ; N52°59.877' E5°32.197' (52.99795, 5.53661)

Dorf hinein, ideal also zum Einkaufen. Auch vom *Watersportcamping De Bearshoeke*[21] mit 15 Passantenliegeplätzen ist man in wenigen Minuten zu Fuß im Zentrum.

Ouedga liegt etwas abgelegen vom friesischen Wassersporttrubel und hat sich seine Gemütlichkeit bis heute bewahren können. Der alte Kern rund um die *Ankertsjerke*, einer efeuberankten Backsteinkirche mit ihrem charakteristischen gestreiften Glockenturm aus dem Jahre 1623, strahlt dementsprechend Ruhe und Gelassenheit aus.

Entspannung verspricht auch das *All Joor's Raskattencafé*[22]. Wenn Sie Katzen mögen, dann sind Sie hier genau richtig. Rassekatzen leisten Ihnen während Ihres Aufenthalts Gesellschaft und lassen sich auch gerne *knuffelen* (knuddeln) und bespaßen.

Vielleicht schauen Sie auch einmal ins **Ringwiel** hinein. Dafür biegen Sie zwischen den Tonnen OG5 und OG7[23] nach OSO ab, fahren vorbei an der neuen kleinen Insel Boterpôlle[24] und gelangen an einer Bake in einen schmalen Kanal (Tiefe 1,30 m). Gelbe Tonnen im Ringwiel kennzeichnen ein Vogelschutzgebiet vom 1. Oktober bis 1. April. Am Südufer des Ringwiel laden Marrekrite-Anleger[25] dazu ein, eine Pause zu machen, den Motor abzustellen, Ruhe zu genießen und zu chillen.

Nun zurück durch De Grons und nach backbord in die **Koarte Fliet**. Nach ein paar Metern erreichen wir ein Traumrevier für Marrekrite-Fans: **Sandmeer (Sânmar)** und **Grote Gaastmeer (Grutte Gaastmar).** Wer hier keinen geeigneten Liegeplatz findet, ist es selbst schuld – oder in der Hauptsaison oder an einem Schönwetter-Wochenende unterwegs. Besonders eng wird es dann, wenn beides zutrifft. Vier Anlegestellen sind uns angenehm aufgefallen. Da ist zum einen die Durchfahrt zwischen Sandmeer und Grote Gaastmeer[26], wo 20-25 Liegeplätze guten Schutz vor Südwestwind bieten.

---

[21] www.bearshoeke.nl ; N52°59.497' E5°32.598' (52.99162, 5.54331)

[22] Breksdyk 42; https://www.all-joors.nl/

[23] Ungefähr bei N52°58.935' E5°30.144' (52.98225, 5.50241)

[24] N52°58.869' E5°30.316' (52.98115, 5.50527)

[25] N52°58.612' E5°31.755' (52.97686, 5.52925)

[26] N52°57.988' E5°30.935' (52.96647, 5.51558)

Am Ostufer der südlich davon gelegenen Insel liegen jedoch häufig Schiffe der Braunen Flotte, und da kann bei jugendlichen Besatzungen bisweilen die Gruppendynamik voll zuschlagen.

Mit unserem Liegeplatz am Westende der Durchfahrt haben wir uns einmal verkalkuliert. Wir lagen am Südufer und wähnten uns vor Südwestwind geschützt (siehe Bild). Allerdings drehte der Wind zu Beginn der Nacht auf Nordwest und wehte nun in die Einfahrt hinein. Die Folge war, dass die mehr oder minder kleinen Wellen ständig hinten unter unsere

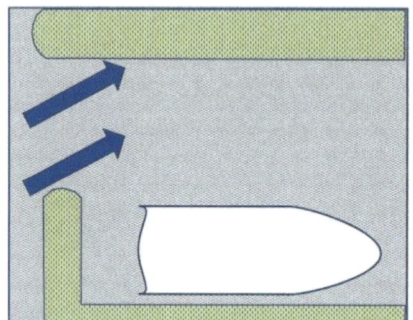 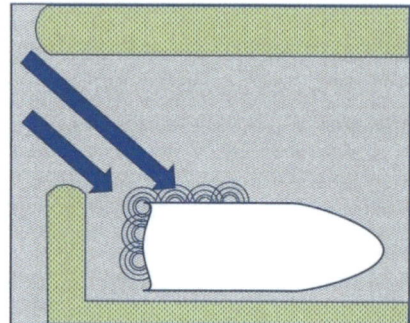

Drehender Wind kann einem den Schlaf rauben

Badeplattform und unter die Scheuerleisten klatschten. Da wir direkt daneben unsere Schlafkabine hatten, wurde es eine unruhige Nacht. Also: Augen auf bei der Liegeplatzwahl – dann können dieselben nachts geschlossen bleiben.

Ruhiger und auch vor der Braunen Flotte geschützt liegt man in den kleinen Hafenbecken, die vom Grote Gaastmeer aus zugänglich sind[27]. Beide haben den Vorteil, dass man sich nach einem Tag an Bord einmal ‚die Füße vertreten‘, also einen längeren Spaziergang machen kann. Das mit dem ‚Füße vertreten‘ sollte man allerdings nicht zu wörtlich nehmen. Vielmehr muss man aufpassen, dass man nicht in eines der vielen Erdlöcher tritt und tatsächlich Schäden davonträgt.

---

[27] N52°58.045' E5°31.156' (52.96742, 5.51927) und N52°58.110' E5°31.232' (52.96850, 5.52054)

Unser Lieblingsplatz in diesem Revier ist eine von drei Seiten geschützte und nur nach Nordwest offene kleine Bucht, die man vom Sandmeer aus erreicht und die an zwei Stegen etwa vier Schiffen Platz bietet[28]. Allerdings kommen an dieser Stelle immer wieder Erinnerungen hoch:

Kurioses am Rande

Freitag, 15:45 Uhr: Wir übernehmen gut gelaunt unser Schiff an der Basis, freuen uns auf ein paar unbeschwerte Tage auf dem Wasser und fahren los.

Samstag, 15:30 Uhr: Eine dicke rote Lampe signalisiert „Bilgenalarm". Anruf an der Basis ergibt: Macht nichts, Bilge kann mit Handpumpe geleert werden. So erfahren wir, wo die Bilgenpumpe ist und der dazugehörige Pumpenschwengel. Wir pumpen. 17:15 Uhr: Wieder Alarm. Wieder telefoniert, wieder gepumpt, diesmal so lange, bis nichts mehr aus der Pumpe kam.

Sonntag, 14:15 Uhr: Dritter Bilgenalarm. Verdacht, dass die Dichtung der Antriebswelle defekt ist und Wasser durchlässt. Es tropft und fließt hörbar im Schiffsbauch. Ein Techniker kommt, nimmt das Schiff ein wenig auseinander, kriecht in den Motorraum und repariert, bis sich eine Art Erfolg einstellt. Sein Rat: Abwarten, weiterfahren und gegebenenfalls pumpen.

Montag: Im Schiffsbauch tropft es. Wir pumpen. Basis meint, es könne wenigstens nicht schlimmer werden. Na ja, mal abwarten.

Dienstag: Schietwetter, starker Wind. Wir haben eigentlich genug an Bord zu tun, aber wir müssen auch pumpen (12:30, 14:30, 16:15, 22:35 Uhr).

Mittwoch: Wetter besser. Wir fahren herum und pumpen (11:15, 13:00, 14:35 Uhr). Nachmittags legen wir in der oben erwähnten kleinen Bucht am Sandmeer an und denken über Abbruch des Törns nach. Wie nicht anders zu erwarten ist die Dichtung plötzlich mucksmäuschenstill.

Donnerstag: Wir pumpen wieder (13:30, 14:40 Uhr). Während wir klar Schiff für die Rückgabe des Boots am folgenden Tag machen, ruft um 17.20 Uhr wieder die Bilge. Das Drama nimmt seinen Lauf: Die Bilgenpumpe und damit unser Überlebensgarant gibt mit einem lauten Knack den Geist auf. Der Pumpenschwengel schlabbert ohne Wirkung in der Halterung herum. Wir sind praktisch zum Untergang verdammt. Titanic lässt grüßen, Eva will schon den CD-Player als Ersatz für die Bordkapelle anwerfen. Auf sinkendem Schiff zurück zur Basis, die glücklicherweise nicht weit entfernt ist.

Eva ist genervt und erwägt für das nächste Jahr trotzig einen Wanderurlaub in der Schweiz. Wir finden einen zerknirschten Vercharterter vor, der glaubt, sich gar nicht genug entschuldigen zu können. Er übernimmt die Kosten des Auftan-

---

[28] N52°58.148' E5°31.046' (52.96914, 5.51743)

kens und verspricht uns für das nächste Jahr einen ordentlichen Rabatt (was er dann auch gehalten hat). Eva zieht daraufhin ihren Antrag zurück.

Fazit

Selbst wenn unser Urlaub einen Tag eher als geplant geendet hat, war es schon eine spannende und aufregende Woche. Wir haben vom Techniker viel über das Schiff gelernt, vor allem, wie man es auseinandernimmt und wieder zusammensetzt, und dass solche Schäden nicht vorhersehbar sind. Vielleicht hat sich ja auch schon unser Vorgänger mit Pumpen über die Zeit gerettet, es aber hinterher nicht verraten.

Wir verlassen unser lauschiges Eckchen Richtung Süden, biegen nach backbord in die betonnte Fahrrinne ab und passieren den ***Inthiemasloot (Yntemasleat)***. An der grün-roten Kugeltonne GM2-IM13[29] lohnt sich ein kurzer Abstecher nach Norden in das Örtchen ***Gaastmeer (De Gaastmar)***.

Idyllisches Gaastmeer

---

[29] N52°57.406' E5°32.759' (52.95676,5.54598)

Es erwartet Sie ein ruhiges, beschauliches Dorf mit einer Kirche, einem kleinen Supermarkt und der Kneipe *d'Ald Herberch*[30] mit einer ambitionierten Speisekarte. Weil es im Ort wegen einer festen Brücke nicht weiter geht, scheint es für viele Skipper unattraktiv zu sein, dieses Idyll anzusteuern. Wir hingegen hatten schon zweimal das Vergnügen, in der Mittagsstunde an der Dorfkade anlegen und ein gemütliches Spät-Frühstück an Deck bei Sonnenschein mit Blick auf gepflegte Häuser und Gärten einnehmen zu können. Gegen Abend kommt aus einem schmucken Backsteinhaus, in dessen Garten eine schwarz-weiße Ziege genüsslich an Halmen malmt, ein netter älterer Hafenmeister heraus, begrüßt uns freundlich, fragt uns interessiert nach dem Woher und Wohin und kassiert das Liegegeld. Wir machen es uns mal wieder gemütlich und bereiten unser Abendessen zu.

Leckeres aus der Kombüse

Grüner Kartoffelsalat

Kartoffeln (festkochend), grüner Spargel, Lauchzwiebeln, Rucola (Rauke), Zucchini, grüner Paprika, Essig, Öl, Salz, Pfeffer, Bouillon

Beim Spargel die unteren harten Teile entfernen. Spargel, Paprika, Zucchini und Lauchzwiebeln in kleine Stücke schneiden.

Kartoffeln mit Schale kochen, pellen, abkühlen lassen. In nicht zu dünne Scheiben schneiden. Eine Salatsauce aus Salz, Pfeffer, Essig und Bouillon bereiten und in einer Salatschüssel über die Kartoffeln gießen.

Spargel, Paprika, Zucchini und Lauchzwiebeln kurz in Öl anbraten, in etwas Gemüsebouillon bei geschlossenem Deckel ca. 5 Minuten dünsten. Gemüse mit den Kartoffeln und Olivenöl vermischen, noch einmal abschmecken. Gehackte Rucola drüberstreuen.

Dazu passen z.B. Spiegeleier.

Am nächsten Tag geht es wieder zurück bis zur schon bekannten grün-roten Kugeltonne GM2-IM13 und dann Richtung Südosten weiter ins Hee-

---

[30] Munkedyk 46, http://www.aldherberch.nl

germeer, vorbei an *Langehoekspolle* bis zur rot-grün-roten Tonne JF90-IN1. Dort steuern wir auf Kurs 59° an Heeg vorbei und ein Stückchen den Johan-Friso-Kanaal entlang, bis die **Wide Wimerts (Wijde Wijmerts)** nach backbord in Richtung Norden abzweigt[31]. Hier geht es zu unserem nächsten Ziel, dem niedlichen Städtchen **IJlst (Drylts)**.

IJlst

An der Einmündung des **Wijnsloot (Weinsleat)**[32] scheiden sich die (Zufahrts-)Wege. Nach steuerbord folgen wir dem Wijnsloot, dem **It Zouw (Sou)** und der **Jutrijpervaart (Riper Feart)** nach Norden, umrunden den Ortsfriedhof und steuern den Passantenhafen im Tsjerkesleat[33] an, der 30 Liegeplätze bis zu 10 m Länge sowie Strom, Trinkwasser und sanitäre

Overtuinen in IJlst

---

[31] N52°58.060' E5°37.726' (52.96767, 5.62876)
[32] N52°59.656' E5°36.978' (52.99427, 5.61629)
[33] N53°00.454' E5°37.666' (53.00756, 5.62776)

Einrichtungen bietet. Von hier gelangt man nach knapp 10 Minuten Fußweg zu einem der hübschesten Viertel von Ijlst, einer schmalen, von Linden und kleinen, meist backsteinernen Wohnhäusern gesäumten Gracht. Die beiden Pflasterstraßen Eegracht und Galamagracht führen direkt an den Häuserfronten vorbei und trennen die Gebäude von den sogenannten ‚Overtuinen', die für Ijlst so charakteristisch sind. Die Overtuinen sind kleine Gärten (*tuinen*), die auf der anderen Straßenseite (aan de *over*zijde van de straat) beginnen und schräg bis zum Wasser hinunter reichen.

Die Gärten gehören zu den an der Gracht liegenden Häusern und wurden früher dazu benutzt, Wäsche zu bleichen. Heute haben die Bewohner dort Blumen- und Gemüsegärten angelegt. Auch als Liegewiese und Terras-

"De Rat" in Ijlst

se eignen sich diese Rasenflecken offenbar hervorragend. Das Gesamtensemble aus Gracht, Overtuinen, Bäumen, Sträßchen und Wohnhäusern kann man nur als malerisch bezeichnen. Bei einem Spaziergang entlang dieses Idylls entdeckt man das eine oder andere interessante Gebäude, z.B.

die *Doopsgezindekerk*[34] aus dem Jahre 1857 mit ihrer markanten Fassade, den *Messingklopper*[35] von 1669 mit einem sehenswerten Renaissance-Treppengiebel oder das alte *Rathaus*[36]. Rund zwei Dutzend denkmalgeschützte Häuser und Kirchen verbreiten entlang der Gracht historisches Flair.

Als wir vorhin vom Wijnsloot zum Passantenhafen abgebogen sind, sind wir in eine Sackgasse eingelaufen. Feste Brücken mit geringer Durchfahrtshöhe versperren uns die Ortsdurchfahrt, und wenn wir nach Sneek weiter wollen, dann müssen wir zurück zum Wijnsloot, dann nach steuerbord und gut anderthalb Kilometer nach Norden. Vor der Nijezijl-Brücke[37] fahren wir

Kasse am Stiel

dann nach steuerbord in die **Wilddraai (Wijddraai)**, wo uns am Nordufer eine Reihe von Liegeplätzen erwartet. Wir passieren die Klappbrücke und befinden uns danach auf **De Geeuw (Geau)**, wo es entlang der Geeuwkade Liegeplätze nach unserem Geschmack gibt. Mit ein wenig Glück erwischt man einen Platz mit Blick auf zwei Windmühlen: Die Sägemühle *De Rat*[38] und die Polder-(pump-)Mühle *Terpensmole*[39], bei-de heimatvertrieben und zugereist. *De Rat* wurde schon 1683 in der Zaanstreek gebaut, einem der ältesten Industriegebiete Europas, nördlich von Amsterdam. Wegen einer allgemeinen Wirtschaftsflaute verfiel die Mühle in einen desolaten Zustand. 1829 entschloss sich der Bürgermeister von Ijlst, der zugleich Holzhändler war, die Mühle zu kau-

---

[34] Eegracht 28
[35] Ergracht 31
[36] Galamagracht 49
[37] N53°00.512' E5°36.513' (53.00853, 5.60855)
[38] N53°00.768' E5°37.613' (53.01281, 5.62688)
[39] N53°00.887' E5°37.744' (53.01479, 5.62906)

fen und an der Geeuw wieder aufzubauen. Die Mühle wurde also in ihre Einzelteile zerlegt und gelangte als Bausatz nach Ijlst, wo sie Brett für Brett und Schraube für Schraube wieder zusammengesetzt wurde – ein System, das ein schwedisches Möbelhaus im 20. Jahrhundert adaptiert und zur Perfektion gebracht hat. Die Mühle versah bis 1950 ihren Dienst und wurde dann überflüssig. Bevor man sie jedoch endgültig abriss, erbarmte sich die Gemeinde Ijlst und sorgte für die Renovierung. Seit 1978 werden hier wieder dicke Bretter und Balken gesägt.

Zu jener Zeit war die *Terpensmolen* noch gar nicht auf der Welt. Sie wurde erst 1982 in Sneek offiziell eingeweiht und fast 30 Jahre später, im Juli 2011, nach Ijlst verpflanzt an eine Stelle, wo schon früher eine Spinnenkopfmühle stand.

Auch Ende 2023 fand man in Ijlst noch Spuren der Corona-Pandemie: Unser Hafenmeister erschien zum Kassieren der Liegegebühren mit einem Kartenlesegerät, das er eigenhändig auf einen ‚*avstandshouder*' montiert hatte, sozusagen eine „Kasse am Stiel".

Sneek

Unser Törn führt uns weiter auf **De Geeuw (Geau)** in nordöstliche Richtung. Wir passieren ein weiteres Mal ein Aquaduct über die N354 und erreichen nach kurzer Zeit das Wassersportzentrum **Sneek (Snitz)**. Viele Segler und Freizeitskipper halten diesen Ort für den Nabel der Welt, zumindest aber Frieslands. Wir sehen das – auch wenn wir uns vielleicht bei dem einen oder anderen Skipper unbeliebt machen – etwas anders.

Sneek ist nach Leeuwarden die mit Abstand größte der *Elf Steden*, und das macht sich deutlich in der Lebendigkeit bemerkbar. Statt dörflicher Idylle und ländlicher Abgeschiedenheit herrscht hier städtisches Treiben.

Immerhin ist Sneek das Verwaltungszentrum der Gemeinde Súdwest-Fryslân mit rund 90.000 Einwohnern, wovon ungefähr 35.000 in Sneek leben. Handel, Gastronomie und Service lassen hier nichts zu wünschen übrig. Ein Rundgang entlang der historischen Stadsgracht, die schon im 17. Jahrhundert die Stadt begrenzte, ist knapp zweieinhalb Kilometer lang und vermittelt einen Eindruck von den Ausmaßen der alten Befestigungsanlage, von der aber so gut wie nichts übrig geblieben ist. Von den im Stadtinneren verbliebenen Grachten beherbergt Grootzand eine Vielzahl von kleinen Geschäften, wohingegen Kleinzand vorrangig Wohngebiet, aber auch Sitz des *Fries Scheepvaart Museum*[40] ist. Hier stehen die friesische Schifffahrt und die Historie von Sneek im Mittelpunkt. Daneben hält das Museum aber auch Informationen über die *Elfstedentocht*, den Wassersport in und um Sneek oder das *skûtsjesilen*, eine Regatta traditioneller Segelschiffe, bereit.

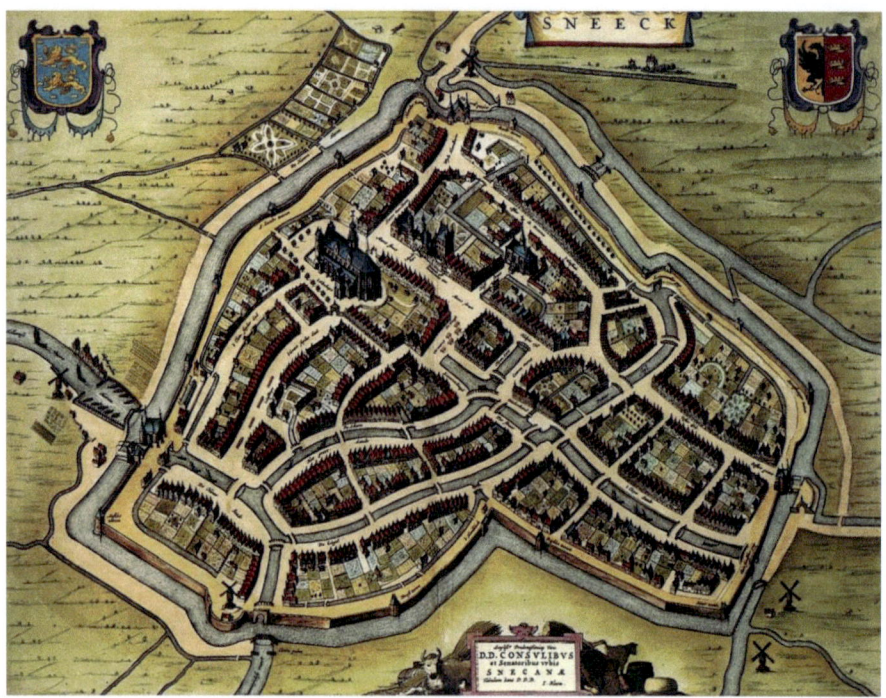

Sneek im 17. Jahrhundert

Das historische Zentrum befindet sich zwischen den *Stadsgrachten*. Die gesamte Innenstadt ist *beschermd stadsgesicht*. Über 100 *rijksmonumenten* weist das *rijksmonumentenregister* für Sneek aus – ein Indiz dafür, dass sich ein Rundgang durch die Altstadt lohnt. Hochherrschaftliche Wohnhäu-

---

[40] Kleinzand 16; http://friesscheepvaartmuseum.nl

ser, kombinierte Wohn- und Geschäftsgebäude im Stil des 16. und 17. Jahrhunderts, Brücken, Kirchen, Grachten, Parkanlagen – sie alle vereinen sich zu einem harmonischen Ganzen. Das *Stadhuis*, ursprünglich im 15. Jahrhundert erbaut, wurde im 18. Jahrhundert renoviert und erhielt einen Giebel im Rokoko-Stil. Die *Martinikerk* aus dem Anfang des 12. Jahrhunderts bietet außen direkt zwei Highlights: Da ist zum einen der hölzerne Glockenturm aus dem Jahre 1489, der wie der Campanile in Venedig neben der Kirche steht (nicht so grazil und hoch, eher kompakt und gedrungen) und zum zweiten das Glockenspiel im Dachreiter des Kirchenschiffs, das mit seinen 50 Glocken das größte in Friesland ist und zusammen mitUtrecht Platz drei in den Niederlanden belegt.

„Watergate ist überall", auch in Sneek. Eindeutiges Zentrum des touristischen und seemännischen Interesses ist *De Waterpoort*, zwei achteckige Türme, dazwischen ein Torbogen als ehemalige Wasserdurchfahrt in die stadtinneren Grachten und darüber eine Doppelbogenkonstruktion, gekrönt von einem Giebelhäuschen, das einst Brückenwärterwohnung war. 1456 erhielt Sneek Stadtrechte, und 1492 begann man damit, die Stadt

Waterpoort in Sneek

rundum durch eine Gracht zu sichern und mit einer Mauer zu befestigen. Von letzterer ist leider nur noch eines von ehemals vier Wassertoren – *De Waterpoort* – erhalten. Pläne, auch dieses Tor 1876 abzureißen, scheiterten am Widerstand der Bevölkerung.

Schade ist es, dass man als vorbeifahrender Skipper vom Wasser aus nur einen mehr oder weniger zweidimensionalen Eindruck von dem Tor erhält. Als Land- und Spaziergänger hingegen sollte man sich ruhig einmal in die Kulissen begeben. Dort kann man nämlich durch eine malerische

Säulenhalle schreiten und aus vier Doppelbogenpaaren bemerkenswerte Ausblicke in alle Himmelsrichtungen genießen und fotografieren.

Die Qualität der Gastronomie in Sneek haben wir bereits erwähnt. Hier noch zwei Schmankerln aus der Sneeker Gourmet-Szene. Eines kommt uns schon bekannt vor: Erinnern Sie sich noch an Bolsward und den Berenburg-Kräuterschnaps ‚mit einem e'? Hier in Sneek gibt es ihn mit Doppel-e, also *Beerenburg*. Das Traditions- und Familienunternehmen *Weduwe Joustra*[41] stellt ihn seit über 150 Jahren her – angeblich mit der Original-Kräutermischung von Hendrik Beerenburg aus Amsterdam aus dem Jahre 1645. Im Sommer 2016 wurde das Geschäft vom Schnapsfabrikanten Boomsma (Leeuwarden) übernommen. Aber auch weiterhin kann man in einem nostalgischen kleinen Laden, in dem sogar noch eine *drankorgel* (Schnapsorgel)[42] zu bewundern ist, die Produkte der Firma verkosten, und die Brennerei kann auf Anfrage besichtigt werden. Dem Beerenburg wird medizinische Wirkung zugeschrieben, so dass auf dem ‚Beipackzettel' treffend vermerkt ist: „Het is verstandig iets van dit medicijn in te nemen voordat men denkt onwel te worden".[43]

Vielleicht hilft er zumindest beim Verdauen einer anderen bemerkenswerten lokalen Spezialität: *Boterdrabbelkoeken*. Sie sind ein traditionelles Sneeker Gebäck und bestehen aus Weizen- und Buchweizenmehl, Zucker, Ei, Milch, Zimt, etwas Salz und natürlich ausreichend Butter zum Ausbacken des Teigs. Das Ergebnis sind knusprige Kekse, die ein wenig aussehen wie Frikadellen oder Bouletten. Der Lieferant des niederländischen Königshauses, *Haga´s Boterdrabbelkoekfabriek De Friese Sjees* in Sneek[44], stellt dieses Gebäck noch heute nach altem Rezept und Verfahren und größtenteils in Handarbeit her. Der Handwerksbetrieb kann besichtigt werden.

---

[41] Kleinzand 32, https://www.weduwejoustra.nl

[42] Das ist ein Gestell mit Schnapsfässern verschiedenen Inhalts, aus denen sich Kunden einst die eigenen mitgebrachten Flaschen füllen ließen. Im übertragenen Sinne wird im Niederländischen das Wort „drankorgel" auch als Bezeichnung für „Schnapsdrossel", „Schluckspecht" oder Saufbold benutzt.

[43] „Es ist klug, ein wenig von dieser Medizin einzunehmen, bevor man denkt, dass einem schlecht werden könnte." Sozusagen dreifach genähte vorbeugend-antizipierende Prophylaxe.

[44] Eerste Oosterkade 22; http://www.haga-drabbelkoeken.nl

Wem die Zeit dazu fehlt, kann sich den Vorgang bei Bedarf als Film zu Gemüte führen.[45]

Als Segler- und Wassersportzenrum verfügt Sneek natürlich über eine Menge attraktiver Liegeplätze. In Stadtnähe findet man sie beispielsweise am *De Kolk*[46] und westlich davon an der *Geeuwkade*[47] sowie entlang der südlichen *Stadsgracht*[48], und auch vom *Somerak*[49] südöstlich der Oppenhuizerbrug ist der Weg ins Zentrum nicht weit.

Der stadtnächste Hafen ist der *Marinaveste Campevaer*[50] südlich der Woudvaartbrücke. Etwas weiter weg und im Osten der Stadt gelegen bieten der *Sneeker Jachthaven*[51] und der *Jachthaven De Domp*[52] komfortable Liegemöglichkeiten.

Leider ist Sneek insbesondere während der Sommermonate rettungslos überlaufen, und freie Liegeplätze insbesondere an den Ortskaden sind Mangelware, es sei denn es macht einem nichts aus, auf Fenderfühlung mit anderen Schiffen im Dreier- oder Vierer-Päckchen zu liegen. Aber auch im Frühjahr und Herbst ist das Städtchen beliebter Anlaufpunkt für Schiffe und Schiffchen aller Art und Größe. Wegen dieser Betriebsamkeit, die im Kontrast zu unseren ganz individuellen Ruhe- und Gemütlichkeitswünschen steht, verzichten wir auf einen längeren Aufenthalt in Sneek.

---

[45] https://www.youtube.com/watch?v=A4ejtfaCSG0

[46] N53°01.763' E5°39.511' (53.02938, 5.65852)

[47] N53°01.730' E5°39.415' (53.02883, 5.65691)

[48] N53°01.809' E5°39.787' (53.03016, 5.66311)

[49] N53°01.914' E5°40.172' (53.03190, 5.66954)

[50] marinavestecampevaer.nl/de; N53°01.631' E5°39.868' (53.02718, 5.66447)

[51] http://www.sneekerjachthaven.nl; N53°02.000' E5°40.472' (53.03333, 5.67453)

[52] http://www.dedomp.nl; N53°02.011' E5°40.667' (53.03352, 5.67779)

Reise zu den Sternen und ans „Ende der Welt"

Von Sneek aus nehmen wir Kurs auf Franeker, dessen Planetarium unsere Neugier geweckt hat. Wir durchqueren Sneek nicht auf der viel befahrenen Stadtpassage (im Wateralmanak 2 als ‚Doorvaartroute A' gekennzeichnet), sondern auf der ‚Doorvaartroute B', die kurz hinter der Brücke an der Waterpoort abbiegt und die wir landschaftlich schöner finden.

Doch zunächst heißt es, zwei Brücken zu passieren. In der Nachsaison ist das kein Problem. Aber in der Hauptsaison drubbeln sich große und kleine Boote, mit Motor und/oder Segel, mit erfahrenen und unerfahrenen Crews in *De Kolk*, einer tümpelartigen Kanalverbreiterung vor dem Wassertor. Da liegt man dann bisweilen Fender an Fender und wartet auf das Öffnen der Lemmerbrug. Besonders spannend wird es bei Wind, wenn die Fahrzeuge abgetrieben werden. Die Versuche, in solch einer Situation die Position zu halten, sind sehenswert. Wir warten (im September) nur gemeinsam mit drei oder vier anderen Booten, und bei Brückenöffnung lassen wir alle vorfahren – aus gutem Grund. Die nächste Brücke für uns – die Woudvaartsbrug[1] – geht im rechten Winkel nach steuerbord ab und ist 5,80 breit. Da ist es nützlich, möglichst frontal vor der Brücke und damit quer im Kanal zu liegen. Am Ufer gegenüber stehen zwar ‚Parkverbot'-Schilder für Schiffe, aber wenn sich ein oder zwei Boote nicht daran halten, kann es etwas eng werden. Dann ist es beruhigend, niemanden im Nacken zu haben.

Hinzu kommt, dass die Brücke nur von Juni bis August mit einem eigenen Brückenwärter besetzt ist. Wir hingegen müssen beim Passieren der Lemmerbrug dem dortigen Brückenwärter zurufen, dass er die Woudvaartsbrug bitte öffnen möge. Das kann ein wenig dauern, denn er muss zuerst die Lemmerbrug schließen, sich anschließend auf sein Fahrrad schwingen und zu unserer Brücke radeln. Es folgt das übliche Procedere: Schranken runterklappen (per Hand), Schaltkasten aufschließen, Brücke

---

[1] N53°01.734' E5°39.727' (53.02889, 5.66212)

aufklappen, Ampel auf Grün setzen, Schiff fährt durch, Ampel auf Rot, Brücke zu, Schaltkasten abschließen, Schranken hoch, per Rad zurück auf Los. Wenn der Brückenwärter das ein paar Mal am Tag machen muss, braucht er sich um mangelnde Bewegung nicht zu sorgen.

Die anschließende **Woudvaart (Wâldfeart)** erweist sich als gute Wahl. Es geht durch ruhige Vororte von Sneek, vorbei an niedrigen Wohnhäusern, Werften und Marinas von Charterunternehmen sowie Campingplätzen. Wir gleiten unter einer festen Brücke hindurch, die mit ihrer Durch-

Woudvaartbrug in Sneek

fahrtshöhe von 4,30 Metern beängstigend niedrig zu sein scheint. Dahinter wird die Bebauung schütterer und die Natur gewinnt die Oberhand, insbesondere an backbord, wo sich der *Burgermeester Rasterhoffpark* ausbreitet. Das Wohngebiet an der Westseite stört den angenehmen Gesamteindruck nicht. Vom letzten Haus an sind es nun noch ungefähr 2,5 Kilometer über **Wite Brekken** und **It Nau** bis zu einem netten Marrekrite-Anlegeplatz[2], wo wir eine kleine Pause einlegen.

Auf unserer Fahrt Richtung Franeker geht's nun weiter auf dem Prinses Margrietkanaal, auf den wir bei der Tonne PM60-WB1 nach backbord einbiegen. Auf den nächsten Kilometern haben wir mit Brücken und ähnlichen ‚Schikanen' nichts zu tun, dafür müssen wir aber wieder unsere erhöhte Aufmerksamkeit auf die Berufsschifffahrt richten, solange wir im Fahrwasser des Kanals bleiben, zunächst also erst einmal, bis wir das **Sneeker Meer (Snitzer Mar)** erreichen. Etwa bei Kilometer 97 mündet von backbord die Sneeker Doorvaartroute A, die wir bei unserer Passage nicht gewählt hatten. Auf der Steuerbordseite lassen wir *Starteiland* liegen. Die Insel mit ihrem Startturm spielt eine zentrale Rolle z.B. bei den Regatten der *Sneekweek (Sneeker Woche)*, die jedes Jahr Anfang August von der Königlichen Wassersportvereinigung Sneek veranstaltet wird und mittlerweile die größte Segelveranstaltung auf europäischen Binnengewässern ist. Wir haben das Sneeker Meer des Öfteren schon an Schönwetter-Wochenenden erlebt, und bereits da hatten wir das Gefühl, man kann von Boot zu Boot hüpfend trockenen Fußes von einem Ufer zum anderen gelangen. Kaum auszudenken, was dann während dieses Top-Events auf dem Wasser los ist. Da Segler gegenüber Motorbootfahrern bekanntlich Vorfahrt haben, dürfte dann für uns kaum ein Durchkommen sein.

Ansonsten kann man das Fahrwasser der Berufsschifffahrt auf dem Sneeker Meer getrost einmal verlassen und einen Kurs nach eigenem Geschmack wählen. Fast überall ist eine Wassertiefe von 1,30 m gewährleistet. Ausnahmen bilden z.B. die Ostseite von Starteiland und ein untiefer Bereich im Nordosten bei Terherne.

Auf einigen der Untiefen am Nordufer hat die Marrekrite 2019 vier neue Inselchen mit etwa 400 Metern Liegeplätzen aufgeschüttet: *Tryntsje Pôle*[3] und etwas weiter westlich die *Roospôlen*[4], allesamt inzwischen ordentlich bewachsen, so dass man auch bei etwas heftigeren Winden aus östlichen bis südlichen Richtungen eine ruhige Nacht verbringen kann.

---

[2] N52°59.590' E5°41.218' (52.99316, 5.68696)
[3] N53°02.613' E5°45.161' (53.04354,5.75269)
[4] N53°02.164' E5°44.110' (53.03606,5.73517)

Wir durchqueren das Sneeker Meer auf dem PMK, gleiten mit gedrosselter Fahrt durch die Schutsluis und machen uns auf den langen geraden Weg zum Wassersportzentrum Grouw (Grou).

Grouw

Grouw (Grou) ist ein idealer Startpunkt für ein Schnupperwochenende per Schiff. Freizeitreviere wie das *Pikmeer (Pikmar)*, die *Wijde Ee (Wide Ie)*, die *Sitebuurster Ee (Sitebuorster Ie)*, das Naturschutzgebiet *De Oude Venen (De Alde Feanen)* – diese Gewässer werden wir später besuchen – und auch das *Sneeker Meer*, das wir gerade noch passiert haben, liegen in unmittelbarer Nachbarschaft. Kein Wunder also, dass hier eine Reihe von Vermietern von Motorbooten, Segelyachten und Sloepen (kleine, offene, flachgehende Boote) ihre Basis haben. Wenn man sich vom Prinses Margrietkanaal dem Ort nähert, fallen sofort zwei Gebäude ins Auge: Das riet-

Wassersportzentrum Grouw

gedeckte *Restaurant 't Theehuis*[5] und der Satteldachturm der *Sint Piterkirche*, Symbole für Gastlichkeit und Geschichte des Ortes. Rund um die Kirche, die auf das 12. Jahrhundert zurückgeht, und den Turm aus dem 15. Jahrhundert kuscheln sich die malerischen Häuschen des älteren Ortsteils.

Das Städtchen ist aus einzelnen Terpen (Warften) entstanden und wurde früher hauptsächlich von Fischern, Schiffern und Händlern bewohnt. Wasserwege, die zum Teil heute zugeschüttet sind, durchzogen die Siedlung, so dass die einzelnen Höfe nur per Kahn erreicht werden konnten. Das älteste Ortsviertel rund um die *Sint Piterkirche* nannte man deshalb auch ‚Archipeldorf'. Jahrhunderte lang war Grouw einen Großteil des Jahres über Land nicht zu erreichen. Erst 1842 wurde eine befestigte Straße gebaut, der 1868 ein Bahnanschluss folgte. Heute ist Grouw eines der bekanntesten und größten Wassersportzentren Frieslands. Das idyllische Zentrum mit seiner großen Auswahl an Geschäften und Restaurants bildet ein *beschermd dorpsgezicht*, also eine denkmalgeschützte Dorfansicht, die einen Landaufenthalt durchaus lohnt. Liegeplätze mit Strom- und Trinkwasseranschluss finden Sie im gemütlichen *Hellingshaven*[6], an der lebhaften Nieuwe Kade[7], der etwas ruhigeren Sûderkade[8] oder im funktionellen *Pikmeerhaven*[9].

Kurz vor Kilometer 84[10] biegen wir vom PMK nach backbord in **De Meer (De Mear)** ab und ändern unseren Kurs nach weiteren etwa 750 Metern nach Norden in die **Nauwe Galle (Neare Galle)**. Ab hier wird es wieder geruhsam. Es geht vorbei an wolligen Schafen und wohlgenährten Kühen, saftige Wiesen und ansehnliche Gehöfte begleiten unsere Fahrt. Vereinzelt grüßt vom *Fietspad* ein Radfahrer oder Jogger, an den Ufern sind Fischreusen ausgelegt. Kurz: Idyll pur, wären da nicht von Zeit zu Zeit diese hässlichen aufragenden Futtersilos und agrarischen Großbetriebe mit entsprechender Geruchsentwicklung!

---

[5] Meersweg 9; hettheehuis.nl
[6] N53°05.902' E5°50.538' (53.09837, 5.84230)
[7] N53°05.870' E5°50.372' (53.09783, 5.83953)
[6] N53°05.776' E5°50.232' (53.09626, 5.83719)
[9] N53°05.670' E5°50.725' (53.09450, 5.84542)
[10] N53°06.240' E5°51.200' (53.10400, 5.85333)

So geht es durch die Tutsjebrêge (Fernbedienung durch die *Watersport*-App möglich) bis zum Ort **Warga (Wergea)** mit seiner pittoresken und beschaulichen, jedoch sehr engen Ortdurchfahrt. Heute wird deshalb der Durchgangsverkehr in einem großen Bogen durch die Palmabrege (ebenfalls Fernbedienung möglich) um den Ort herumgeleitet. Nördlich der Brücke ist in Ortsnähe eine Reihe von Liegeplätzen entstanden. Die sich anschließende und inzwischen neu gestaltete Strecke Richtung Leeuwarden war für uns beim ersten Durchfahren etwas enttäuschend. Wir kannten diesen Teil der **Wargastervaart (Wergeaster Feart)** als freundlichen Kanal mit einem wiesenbewachsenen Deich, zum Teil mit herrlich altem Baumbestand auf der Ostseite. Bis zum Van Harinxmakanaal gab es nur eine einzige lauschige Marrekrite-Anlegemöglichkeit mit ausladenden, schattenspendenden Bäumen und Blick auf eine Windmühle.

Enge Ortsdurchfahrt in Warga

Dort sind wir einmal unfreiwillig und länger als wir wollten kleben geblieben. Zusammen mit anderen Booten wurden wir nachts von starkem Westwind überrascht, der uns den ganzen nächsten Tag dermaßen gegen das Ufer drückte, dass an geregeltes Ablegen nicht zu denken war. Aber weil es dort so schön war und wir einen herrlichen windumtosten Spaziergang in Begleitung eines fremden, neugierigen und anhänglichen Hundes auf dem Deich bis Warga unternehmen konnten, hat uns das damals nicht allzu viel ausgemacht. Erst nachmittags sind wir mit Hilfe der anderen Skipper, einem Haufen Fender und mit brachialem ,Eindampfen in die Vorspring' wieder losgekommen.[11] Der Liegeplatz existiert noch, aber die Bäume sind weg, und das restliche Ostufer ist massiv mit Steinen befestigt. Sicherlich wird es wieder schöner, wenn die Vegetation zu ihrer alten Üppigkeit zurückgefunden hat.

Einen Kilometer hinter dem *Aquaduct Langdeel* erreichen wir den Van Harinxmakanaal, auf dem wir in nahezu schnurgerader Fahrt Leeuwarden am südlichen Stadtrand passieren. Vor uns liegen noch 18 Kilometer bis zu unserem nächsten Ziel Franeker. Dass es uns auf der Strecke nicht zu langweilig wird, dafür sorgt der Wind.

Kurioses am Rande

Wir biegen – von Warga kommend – kurz vor Leeuwarden ,um die Ecke' in den Van Harinxmakanaal, als sich ein ziemlich heftiger Gegenwind auftut. Das ist ja an sich nichts Schlimmes, vor allem dann nicht, wenn man an Deck alles ordentlich festgezurrt hat. Da wir keine Kleinteile oder ähnliches draußen liegen haben, fühlen wir uns auf der sicheren Seite. Leider haben wir die Rechnung ohne unseren Plastiktisch gemacht, der üblicherweise auf dem Achterdeck steht.

Plötzlich gibt es hinter unserem Rücken ein großes Gepolter, und das Achterdeck präsentiert sich von einem Moment auf den anderen ungewohnt leer. Eine Windbö hat sich unseres Tischs angenommen und ihn über die Reling in den Kanal gefegt. Dort schwimmt er nun wie ein großes, totes, weißes Insekt auf dem Rücken, die Beine in die Luft gestreckt, dem Untergang geweiht. Wir verabschieden uns im Geiste schon von unseren ausgiebigen Frühstücken im Freien und überlegen, wie wir das unserem Vercharterer beibringen sollen. Was also tun?

---

[11] Wie das geht, ist schematisch dargestellt z.B. unter
https://www.youtube.com/watch?v=d5yggCYacEY .

Rolf meint: „Das kriegen wir hin, ich kann Mann-über-Bord-Manöver." Nun ist das bei vorbeifahrender Berufsschifffahrt nicht ganz ohne. Außerdem: Wie soll man den ‚Mann' sprich Tisch wieder an Bord nehmen? Eva schlägt vor: „Ich klettere auf die Badeplattform und angle mir das Teil!" Eigentlich eine gute Idee, aber nicht ohne Sicherung. Eva bekommt also eine Leine um den Bauch gebunden, die wir an der Reling so befestigten, dass sie sich noch gerade auf der Badeplattform bewegen kann.

Eva klettert samt Bootshaken hinunter, Rolf fährt ein Manöver nach dem anderen, doch der Tisch entzieht sich immer wieder dem Zugriff. Langsam laufen bei unserem verlorenen Deckmöbel die verbliebenen Luftkammern voll, und das Insekt bekommt Schlagseite. Außerdem treibt es nah ans Ufer, was die Sache nicht einfacher macht. Endlich gelingt ein Manöver wie es idealerweise aussehen sollte, und Eva kann unter halsbrecherischen Balanceakten ein Bein des Tisches so packen, dass sie das Teil mit Anstrengung wieder an Bord ziehen kann, bevor es untergeht oder zwischen Schiff und Uferbefestigung zerquetscht wird. Stolz und Erleichterung auf allen Seiten, Tisch und weitere Frühstücke sind gerettet.

Auf diese bewährte Weise haben wir später auch Mützen und Fender geborgen und noch ein weiteres Mal unseren Tisch. Als wir unserem Vercharterer von dem Abenteuer berichteten, erzählte er, dass er pro Saison durchaus schon mal zwei bis drei der Tische abschreiben muss.

Wir haben daraus gelernt: Bei heftigem Wind legen wir den Tisch nun umgekehrt auf die Tischplatte und beschweren ihn mit einem Stapel Stühlen, wobei wir alles noch einmal an der Reling festzurren.

Franeker

Franeker (Frjentsjer), zeigt sich vom Wasser aus nicht sehr eindrucksvoll. Aber lassen Sie sich dadurch nicht davon abhalten, die Stadt zu erkunden. Es lohnt sich. Sie präsentiert sich lebhaft, gastfreundlich, ein wenig quirlig und in hellen Farben.

Franeker lag im frühen Mittelalter noch auf der Insel Westergo, die u.a. durch die Middelsee vom übrigen Friesland getrennt war (siehe S. 106).

Die Gegend war vermutlich im 11. und 12. Jahrhundert die erste, in der systematisch so etwas wie Hochwasserschutz in Form von Terpen (Warften) und Deichen betrieben wurde. Einen Aufschwung erfuhr die Stadt, als im 15. Jahrhundert eine Reihe von wehrhaften Ziegelhäusern (*stins*) gebaut wurde, von denen heute noch einige zu bewundern sind (*Botniastins*,

Camminghastins, Martenastins). Dadurch zog Franeker Großgrundbesitzer, Handwerker und Händler an, und die Stadt wurde zu einem wichtigen Zentrum Frieslands, das 1402 Markt- und bald darauf auch Stadtrechte erhielt. 1585 wurde dort die zweitälteste Universität der Niederlande gegründet, an der bis 1811 Theologie, Jura, Medizin, klassische Sprachen, Philosophie, Mathematik und Naturwissenschaften gelehrt wurden.

Hier studierten u.a. Peter Stuyvesant (Gouverneur von Curacao und Generaldirektor der niederländischen Kolonie Nieuw Nederland, 1612-1672), René Descartes (Mathematiker und Philosoph, 1596-1650) und die Kölnerin Anna Maria von Schürmann (niederländische Universalgelehrte, 1607-1678), eine der ersten Frauen in Europa, die Vorlesungen besuchen durften (allerdings nur hinter einem Vorhang sitzend, damit die Männer sie nicht sehen konnten). Vom Wissenschaftsleben wiederum profitierte auch die heimische Wirtschaft.

Heute ist Franeker ein lohnendes Reiseziel mit fast 13.000 Einwohnern und einer sympathischen und sehenswerten Altstadt. Wie in vielen friesischen Städten sind hier noch die Verläufe der historischen Befestigungsanlagen entlang der Noorder Gracht und der Kromme Gracht zu erkennen. Auf dem nordöstlichen ‚bolwerk‘ kann man unter schattenspendenden Bäumen flanieren und die *Vier theehuisjes* aus dem 18. Jahrhundert bestaunen, wo die Crème de la Crème der Stadt ihre Teezeremonien abhielt. Das mit drei Treppengiebeln verzierte *Stadhuis* (Rathaus) im Renaissancestil mit seinen reich dekorierten Fassaden wurde im Jahre 1594 erbaut und 1760 durch einen Rokoko-Anbau erweitert.

Zwei Ecken weiter stoßen wir auf die riesige *Martinikerk*, vermutlich aus dem 15. Jahrhundert – man weiß es nicht genau. Wie eine ganze Reihe von Häusern rund um den Markt ist auch sie aus Klinkern in freundlichem Gelb gebaut. Die Kirche hat als einzige in Friesland einen Chorumgang. Weiße, freskenverzierte Säulen stehen in beeindruckendem Kontrast zum dunklen, hölzernen, tonnenartigen Deckengewölbe, und den Boden zieren zahlreiche filigran gestaltete Grabplatten, die wie orientalische Teppiche anmuten.

Den Platz vor der Kirche könnte man als Wohnzimmer Franekers bezeichnen. Von der gemütlichen Außengastronomie aus sind zwei sehenswerte *Stinzen* zu bestaunen. Da ist zum einen *Klein Botnia*[12], ein Backsteinbau etwa aus dem Jahre 1500. Das Gebäude wurde immer privat genutzt, bis eine Tochter des letzten Eigentümers es 1845 zu einem Waisenhaus machte. Das *Camminghastins*[13] aus dem 15. und 16. Jahrhundert liegt direkt in der Verlängerung des Kirchenschiffs. Das Haus, dessen östlicher Anbau abwechselnd aus einer Reihe roter und zwei Reihen gelber Steine errichtet wurde, beherbergt heute eine Bäckerei mit Café und friesischen Backspezialitäten.

Chor der Martinikerk in Franeker

Man bekommt langsam Geschmack daran, die Stadt eingehender zu erkunden. 100 Meter weiter westlich steht zum Beispiel das *Martenahuis*[14] aus dem Jahre 1506 mit einer bemerkenswerten Freitreppe vor dem rot-gelb gestreiften Bau, markanten blau-weißen Fensterläden und einem lauschigen Park hinter dem Gebäude. Es wurde bis 2005 als Gemeindehaus genutzt; heute ist es Sitz des Martena-Museums.

Spaziert man weiter Richtung Westen durch die Voorstraat, dann stößt man nach knapp 400 Metern auf eine weite Wiese mit zwei merkwürdigen Türmen. Hier, auf dem sogenannten *Sjûkelân*, wird seit 1853 alljährlich - am fünften Mittwoch nach dem 30. Juni - das wichtigste Kaats-Turnier des Jahres abgehalten, einer der Höhepunkte im gesellschaftlichen Leben

---

[12] Breedeplaats 1
[13] Voorstraat 2
[14] Voorstraat 35

Franekers. Das Fernsehen überträgt das Spektakel natürlich live. Die Regeln dieses alten friesischen Ballspiels zu ergründen haben wir aufgegeben. Immerhin wissen wir, dass die Türme nichts mit dem Spiel zu tun haben, sondern eine Reminiszenz an das *Sjaardemaschloss* sind, das dort früher gestanden hat.

Wir bummeln etwas nördlich und parallel zur *Voorstraat* entlang einer kleinen Gracht zurück und erreichen das nahezu zuckerbäckerartige Rathaus und gegenüber ein unscheinbares Häuschen mit dem Hinweisschild ‚Planetarium'. Es beherbergt ein Juwel unter den Sehenswürdigkeiten Franekers: das *Eise Eisinga Planetarium*[15], das sich seit September 2023 sogar UNESCO-Welterbe nennen darf. Um die These zu widerlegen, dass in Kürze einige Planeten kollidieren und so die Erde aus ihrer Bahn werfen würden, baute Eise Eisinga in seinem Wohnzimmer zwischen 1774 und 1781 ein Modell des Planetensystems und eine Reihe von speziellen astronomischen Uhren. Das Ganze funktioniert bis heute noch exakt, ohne dass – wie in Wirklichkeit ja auch – etwas zusammengestoßen ist. Die Gewichte, die das Wunderwerk betreiben, reichen vom Dach bis hinunter in die Speisekammer, und es geht das Gerücht, dass Frau Eisinga ihr Bett gegen das Gewicht für einen zusätzlich geplanten Sekundenzeiger verteidigen musste.

Gedenktafel für Eise Eisinga vor dem Planetarium

Unser erster Besuch in Franeker findet an einem Montagnachmittag im September statt. Es regnet wie aus Kübeln. Hinter der Stationsbrug finden wir auf der Kromme Gracht am Rande der Zuiderkade noch einen Liegeplatz[16] an einer Straßenbaustelle. Es gibt deshalb wenige Festmachmög-

---

[15] Eise Eisingastraat 3; http://www.planetarium-friesland.nl/de
[16] N53°11.076' E5°32.609' (53.18461, 5.54348)

lichkeiten, und wir müssen Hydranten, Laternenpfähle und anderes in Anspruch nehmen, sind aber sehr erfolgreich.[17] Gegen Abend lässt der Regen nach und wir machen uns auf die Suche nach einem Restaurant. Wohin wir auch kommen, es ist montags (und teilweise auch dienstags) geschlossen. Nach Imbissbuden ist uns nicht der Sinn, also wird nach alter Tradition an Bord gekocht.

Leckeres aus der Kombüse

Das gemütlichste Gulasch der Welt

Rindergulasch, Öl, Zwiebeln, Knoblauch, Lorbeerblätter, schwarze Pfefferkörner, Pfeffer, Salz, Bouillon, trockener Rotwein

Zwiebeln und Knoblauch in grobe Stücke schneiden. Pfefferkörner zerstoßen.

Gulasch in Olivenöl kurz kräftig anbraten. Zwiebeln, Knoblauch, Lorbeerblätter, Pfefferkörner und Salz hinzufügen, mit kräftigem trockenen Rotwein bedecken und mindestens 1 Stunde zugedeckt bei kleiner Flamme köcheln, zwischendurch umrühren und eventuell Bouillon angießen. Mit Pfeffer und Salz abschmecken.

Tipp: *Man kann 15 Minuten vor Ende der Garzeit Champignons (halbiert oder geviertelt) hinzu geben und mitkochen.*

Am nächsten Tag – diesmal bei strahlendem Sonnenschein – stoßen wir bei unserem Rundgang aber auf durchaus attraktive Speisekarten, zum Beispiel beim *Grand-Cafe de Doelen*[18], dem *Restaurant De Grillerije*[19] oder beim Hotel Restaurant *De Stadsherberg*[20].

Um von *Franeker* ans „Ende der Welt" zu gelangen, müssen wir ein wenig wehmütig das liebenswürdige Städtchen verlassen und uns nach *Har-*

---

[17] Bei einem erneuten Besuch ein paar Jahre später präsentierte sich das Stückchen Gracht als sehr hübscher und angenehmer innerstädtischer Liegeplatz.

[18] Breedeplaats 6; www.dedoelen-franeker.nl

[19] Groenmarkt 14; http://www.degrillerije.nl

[20] Oud Kaatsveld 8; https://www.stadsherbergfraneker.nl

lingen begeben. Es erwarten uns weder landschaftliche noch touristische Highlights auf dieser Strecke. Sie ist zum Gähnen langweilig und zum Teil hässlich. Man tut deshalb gut daran, die etwa neun Kilometer zügig hinter sich zu bringen.

Harlingen

Aus der Sicht von Freizeitskippern erweist sich **Harlingen (Harns)** als etwas sperrig. Dort scheint das Ende der Binnenwelt zu sein, denn Passanten im Sinne von Durchreisenden gibt es nur wenige, und die haben es nicht leicht. Alle innerstädtischen Brücken öffnen sich nur nach Anruf bei einer Telefonnummer, die dem *Wateralmanak 2* zu entnehmen ist. Von Harlingen aus weiter geht es nur entweder durch die *Tsjerk Hiddessluizen* direkt ins Wattenmeer oder über die Bolswardervaart mit ihren ca. 30 festen Brücken (die niegrigste ist 2,45 Meter hoch) Richtung Süden.

Nähert man sich über den *Van Harinxmakanaal* und sucht nördlich der Stadt den Zugang zum Hafen der *Harlinger Watersportvereniging*[21], muss man viel Geduld und Aufmerksamkeit mitbringen, bis man kurz vor der großen *Tsjerk Hiddessluizen* (Seeschleuse) endlich ein kleines Schild entdeckt, das den Weg zeigt. Hinter einer engen Kurve lauert dann ein Bollwerk, das eine Durchfahrtsbreite von 3,80 Metern hat. Hat man das überwunden, steckt man in einem schmalen Hafen, der häufig komplett belegt ist. Wenden ist möglich, erfordert aber etwas Geschick; eine Weiterfahrt zu den Liegeplätzen am Nordoostersingel wird wieder durch eine Brücke versperrt, die nur per Telefonat geöffnet wird.

Vielleicht finden Sie am *Zuidoostersingel*[22] oder am *Noordoostersingel*[23] eine nette Stelle zum Anlegen. Man erreicht diese Kanäle, indem man nahe dem Aquaduct über die N31 nach Südwesten in den *Verbindingskanaal* abbiegt. Die Liegeplätze entlang der alten Stadtbefestigung sind sehr begehrt; sie sind ein beliebter Ausgangspunkt für einen Stadtbummel. Und

---

[21] N53°10.644' E5°25.347' (53.17739,5.42246)
[22] N53°10.352' E5°25.468' (53.17254,5.42446)
[23] N53°10.529' E5°25.490' (53.17548,5.42483)

der lohnt sich. Die Stadt zählt rund 16.000 Einwohner und charakterisiert sich selbst als „lebendig, gesellig, eigenwillig und gemütlich".

Für Lebendigkeit in der Stadt hat seit jeher der wichtigste Hafen der Provinz und einzige mit direktem Zugang zum offenen Meer gesorgt. Auch wenn Harlingen es nie zur Hansestadt gebracht hat, so wurde von dort bereits im 17. Jahrhundert intensiver Handel mit Hamburg, Skandinavien, den Ostseeländern und der Iberischen Halbinsel betrieben. Heute herrscht geschäftiges Treiben im Fischerei- und Industriehafen hinter der langen Hafenmole, und ab Fährterminal Harlingen starten die Fähren nach Terschelling oder Vlieland. Der alte Binnenhafen ist Zufluchtsort für Traditionssegler, moderne Yachten zieht es in den Noorderhaven oder Zuiderhaven.

Harlingen: Blick auf Zuiderhaven

Ein Indikator für Geselligkeit sind die vielen Veranstaltungen, die von April bis Dezember in Harlingen stattfinden, so um die fünfzig an der Zahl. Da sind zum Beispiel der Flottentag Harlingen, Benefizkonzerte, Oldtimertreffen, „Trockenfall-Ausflüge" ins Watt, wo man bei Ebbe aus dem Schiff in den Schlick springt und später (rechtzeitig!) wieder zurück an Bord klettert, außerdem Frühstück im Park, Sommermärkte, Fischereitage, Tag des offenen Denkmals, Regatten für Traditions-Segelschiffe bis hin zum Weihnachtsmarkt. Da der Niederländer an sich schon ein geselliger Mensch ist, sind diese Events ein gefundenes Fressen, um sich auszutauschen.

Eher eigenwillig und zurückhaltend erweisen sich die Harlinger, was die Friesische Sprache angeht. Friesisch ist zwar Schulfach, wird aber im Alltag wenig angewandt und hat einen schweren Stand. Auch die Vaarten und Kanäle rund um Harlingen haben nur niederländische, keine friesischen Bezeichnungen. Dafür wird *Het Harlingers* gesprochen, ein Stadtdialekt mit friesischen Einflüssen. Sofern für normale Deutsche überhaupt zu verstehen, scheint er ein wenig respektloser und deftiger zu sein als das Niederländische.

Zum gemütlichen Teil Harlingens zählt natürlich die Gastronomie. Speiselokale, gemütliche Kneipen, gehobene Restaurants, der Strandpavillon vor dem Deich mit Meeresblick, Terrassen am Wasser und Straßencafés bieten ein schier unerschöpfliches Reservoir, um es sich kulinarisch gut gehen zu lassen und nach einem ausgiebigen Bummel durch die abwechslungsreiche Geschäftswelt mit kleinen Spezialgeschäften und Boutiquen zu entspannen.

Harlingen ist für uns das Musterbeispiel einer geschichtsträchtigen Hafenstadt, in der aus jedem Winkel die traditionsreiche Historie hervorlugt. Die Stadt bringt es auf über 500 Einträge im Rijksmonumentenregister, davon allein über 470 Wohngebäude. Diese typischen Giebelhäuser – die meisten davon aus dem 17. Jahrhundert – prägen auch das Bild der sehenswerten Innenstadt, die sich zwischen Noorderhaven, Zuiderhaven und der Gracht entlang von Noordooster- und Zuidoostersingel erstreckt. Einzelne Bauten hervorzuheben, wäre den anderen gegenüber ungerecht. Lassen Sie deshalb bei einem Spaziergang das prächtige Gesamtensemble einfach auf sich wirken.

Die Handelsgeschichte der Stadt spiegelt sich in ihren ehemaligen Lagerhäusern wider. Eine Reihe davon ist am Noorder- und Zuiderhaven zu sehen. Sie unterscheiden sich von den anderen Bauten durch ihre spitzen, hohen Dächer, oftmals mit einem Fenster an der höchsten Stelle des

Giebels, aus dem früher eine Art Kran herausragte. Ein Prachtexemplar dieser Gattung ist *De Blauwe Hand*[24] aus dem Jahre 1647; heute beherbergt der zweifarbige Backsteinbau ein Eetcafe[25] mit einer ambitionierten Speisekarte.

Von den Profanbauten ist das Stadhuis (Rathaus) erwähnenwert. Das Gebäude im Stil Ludwigs XIV mit seiner wunderschönen, symmetrischen Fassade und seinen großen Fens-tern stammt aus dem Jahre 1730. Über dem Eingang und dem dar-über liegenden Balkon thront eine vergoldete Skulptur des Heiligen Michael, des Schutzpatrons der Stadt.

Ihm ist auch die katholische Sint-Michaëlkerk gewidmet. Be-eindruckend wirkt das lichtdurch-flutete Innere der dreischiffigen neugotischen Kirche aus dem Jahre 1881.

Harlingen: "De Blauwe Hand"

Spannende Übernachtungs-möglichkeiten bieten zwei ehema-lige Hafeneinrichtungen: Der alte Leuchtturm von Harlingen[26] und ein nicht mehr aktiver Hafenkran[27] wurden zu zwei „Einzimmer"-Hotels umgewandelt. Allerdings muss man für einen Aufenthalt ziemlich tief in die Tasche greifen.

Wer ein wenig richtige Seeluft schnuppern will, sollte sich zum Fähr-terminal nördlich des *Noorderhavens* begeben, dem Start- und Zielanleger für die Fähren nach Terschelling und Vlieland. Der Gebäudekomplex ist

---

[24] Grote Bredeplaats 35

[25] www.eetcafenooitgedagt.nl

[26] http://www.vuurtoren-harlingen.nl/

[27] http://www.havenkraan.nl/

modern und funktionell und strahlt keinerlei Schifffahrtsromantik aus. Wenn man dem allen aber den Rücken zukehrt, öffnet sich der Blick auf den alten Außenhafen *(Oude Buitenhaven)* mit historischen Plattboden-schiffen und dem ehemaligen Gerichtsgebäude am gegenüber liegenden Ufer, das heute das gehobene Restaurant *'t Havenmantsje*[28] beherbergt.

150 Meter nördlich vom *Strandpaviljoen 't Zilt* ragt ein merkwürdiges Standbild aus der Deichkrone: *De Stenen Man* (Der steinerne Mann). Nach der Allerheiligenflut im Jahre 1570 forcierte der damalige Statthalter von Friesland, Caspar de Robles, den Bau von Deichen. Als diese 1575 fertigge-stellt waren, wurden Zuständigkeiten für deren Unterhaltung verteilt; die Grenze zwischen nördlichem und südlichem Sektor wurde durch das Standbild markiert, das auf seiner Spitze einen nach Norden und Süden schauenden Januskopf trägt.

---

[28] Havenplein 1, http://www.havenmantsje.nl

Über die Ee ins Lauwersmeer

Wir verlassen Harlingen auf demselben Weg wie wir gekommen sind und fahren Richtung Osten mit Kurs auf Leeuwarden, vorbei am schon bekannten liebenswerten Städtchen Franeker. Dicht hinter Franeker geht es noch kurz an Gewerbebetrieben vorbei, aber dann genießt man nur noch landschaftliche Weite: Wiesen und Bäume, so weit das Auge reicht, ab und zu unterbrochen von einigen Gehöften. Wäre nicht das langweilige und etwas nervige Geradeausfahren, dann könnte man es kaum besser treffen, wenn man Geist und Seele entspannen und seiner Nase würzige frische Luft gönnen will. Leider vermissen wir die eine oder andere Möglichkeit zum Anlegen, um die Atmosphäre einmal ohne Motorengebrumm genießen zu können.

Zwischen Kilometer 14 und 15 lädt ein Stichkanal[1] zu einem Besuch von **Dronrijp (Dronryp)** ein. Wenige Liegeplätze stehen im *Jachthaven Boatservice RF*[2] zur Verfügung.

Dronrijp ist der älteste besiedelte Fleck in Friesland und war schon vor der Zeitenwende bewohnt. Zwei Kirchen ragen aus dem Ortsbild hervor: Die *Salviuskerk*, wegen ihres weiß gestrichenen Kirchenschiffs auch „die alte Weiße" genannt, und die Kirche *Maria Geboorte*. Die *Salviuskerk* stammt ursprünglich aus dem 12. Jahrhundert und bekam erst 1504 ihr heutiges gotisches Erscheinungsbild. Im Inneren sind wunderschön gearbeitete Grabplatten im Fußboden zu besichtigen, sofern sie nicht gerade zu Schutzzwecken mit Teppichen verdeckt sind. Auf dem Friedhof begegnen wir einem alten Bekannten aus Franeker: Dem Astronomen Eise Eisinga, der hier seine letzte Ruhestätte gefunden hat. Auf seinem Grabstein ist ein Rätsel eingemeißelt, womit man das Alter und das Sterbedatum seines Vaters berechnen kann, der hier ebenfalls begraben ist.

---

[1] N53°11.486' E5°37.357' (53.19143,5.62262)
[2] N53°11.749' E5°37.670' (53.19582,5.62783)

Obgleich es in Dronrijp schon seit 1699 eine katholische Gemeinde gibt, erhielt sie erst 1839 ihre eigene, immerhin dreischiffige Kirche: *Maria Geboorte*. Gegenüber dem Eingang erstreckt sich der *Vredenhof*, eine Unterkunft für Obdachlose, Wanderer und Pilger aus dem Jahre 1745, die sich durch einen originellen weißen Doppelgiebel hervortut.

Die Kirchen und der Vredenhof sind drei von insgesamt 41 Rijksmonumenten (Denkmälern) in Dronrijp. Um die Kirchen herum finden wir auch die ältesten und typischsten Häuschen des Dorfs.

In einem gut sortierten Supermarkt am Ende des Stichkanals können wir notwendige Einkäufe tätigen.

Bei Kilometer 22 erreichen wir eine Kreuzung[3], an der es nach Nordosten zu einer Reihe von ruhigen Marrekrite-Anlegestegen geht. In südwestlicher Richtung finden wir die Zufahrt zu dem relativ neuen kleinen Hafen von **Deinum** mit mit einer geringen Anzahl an Passanten-Liegeplätzen.

Zwiebelturm von Deinum

Schon von weither springt der markante Turm der *Sint Jans-Kerk* mit seiner zwiebelförmigen Spitze ins Auge. Die Kirche ist ursprünglich ein spätromanischer Bau aus dem 13. Jahrhundert, der später umgebaut und erweitert wurde, unter anderem durch einen fünfseitigen Chor. Den Turm baute man Mitte des 16. Jahrhunderts hinzu, und 1589 endlich wuchs dort oben die eindrucksvolle „Zwiebel", die in Friesland sogar in einem eigenen Liedchen besungen wird. Das schlichte Innere beherbergt eine filigran anmutende Orgel sowie im Chor einige wundervoll gearbeitete Grabplatten.

---

[3] N53°11.710' E5°43.831' (53.19516,5.73052)

Was man nicht alles sammeln kann … Piet Heeringa aus Deinum zum Beispiel ist verrückt nach *Schoolplaten*. Das sind alte Anschauungstafeln für den Schulunterricht. Begonnen hat alles mit einem Bild über Wald- und Wiesenvögel, das er von seinem ehemaligen Lehrer erwerben konnte. Inzwischen musste er für über 2.500 weitere Karten und Abbildungen die Scheune seines Bauernhofs zu einem *Schoolplatenmuseum*[4] umbauen.

Für Selbstversorger bietet sich ein kleiner Supermarkt[5] an. Wer „lekker eten" will, ist im *It Holt*[6] gut aufgehoben. Die Speisekarte reicht von C wie Caprese-Törtchen bis Z wie Zeebaars (Wolfsbarsch).

Zwischen Kilometer 23 und 24[7] des Van Harinxmakanaals biegen wir nach backbord in den *Verbindingskanaal* ab, wo wir nach einem knappen Kilometer steuerbord voraus auf die Slauerhoffbrug[8] treffen.

Stellt man sich bewegliche Brücken in Holland vor, dann denkt man meistens an die historische Variante der Ophaalbrug, einer Art Zugbrücke mit Gegengewichten, vielleicht auch noch an eine Drehbrücke. Als wir das erste Mal sahen, wie sich die Slauerhoffbrug öffnete, haben wir nicht schlecht gestaunt und fast das Weiterfah-

Slauerhoffbrug in Leeuwarden

ren vergessen. Da erhebt sich eine riesige, 15x15 Meter große Salmiakpastille in den Himmel und gibt den Weg für die Schifffahrt frei, an der Oberseite bemalt mit Straßen- und Radwegmarkierungen, an der Unterseite mit den Stadtfarben von Leeuwarden. Wenn die Brücke dann steil nach oben zeigt, traut man sich kaum, darunter herzufahren, weil man denkt, dass gleich eine gigantische Fliegenklatsche auf die winzigen Schiffchen runter-

---

[4] https://www.schoolplatendeinum.nl, Sint Janswei 3
[5] Spoorstrjitte 11a
[6] https://itholt.nl, It Holt 6, +31 (0)582541548
[7] N53°11.781' E5°45.163' (53.19634, 5.75271)
[8] N53°11.921' E5°45.920' (53.19868, 5.76533)

saust und sie versenkt. Trotzdem haben wir mutig die Durchfahrt gewagt und uns auf den Weg in die Stadt gemacht.

Leeuwarden

Die Slauerhoffbrug ist eine von sechs Brücken, die wir in **Leeuwarden** *(Ljouwert)* in Richtung Lauwersmeer passieren müssen. Sie und die nächsten Brücken – *Hermesbrug, Verlaatsbrug, Vrouwenpoortsbrug, Noorderbrug, Eebrug* – öffnen sich inzwischen kostenlos, dafür hat man bei den Liegegebühren in Leeuwarden ordentlich zugelegt. Man sollte schon einiges an Zeit für das Durchqueren der Stadt einplanen. Als Verwaltungs-, Kultur- und Wissenschaftszentrum und als Großstadt mit ungefähr 110.000 Einwohnern setzt Leeuwarden verständlicherweise bei der Bewältigung des innerstädtischen Verkehrs andere Prioritäten als die erklärten Wassersportzentren in Friesland. So entsprechen die Bedienungszeiten für die Brücken nicht den regulären friesischen Gepflogenheiten, sondern für die Hauptverkehrszeit hat man eine eigene Regelung eingeführt: An Werktagen werden die Brücken von 9 bis 16 Uhr durchgehend bedient, zwischen 16 und 18 Uhr ist für Schiffe kein Durchkommen. Samstags und an Sonn- und Feiertagen erinnert man sich an alte Traditionen und schließt die Brücken zwischen 12 und 13 Uhr sowie von 16.15 bis 17.15 Uhr. Wer durch Leeuwarden nur durchfahren will, sollte sich darauf einstellen. Wir haben es einmal nicht gewusst, obwohl der Wateralmanak darauf hinweist, und haben eine Dreiviertelstunde vergeblich vor der Vrouwenpoortsbrug gedümpelt. Merke: Wer lesen kann – und es auch tut – ist im Vorteil.

Leeuwarden (Ljouwert) entstand im Mittelalter auf drei Terpen am Ostufer der Middelzee, eines Meeresarmes des Wattenmeers. Die Lage war ideal für einen ausgedehnten und erfolgreichen Handel bis hin nach Russland, bis die Middelzee im 15. Jahrhundert versandete und austrocknete. Daraufhin entwickelte sich die Stadt zu einem Handelszentrum für die gesamte Region mit Fährverbindungen nach Groningen, Amsterdam und Harlingen und Handelsbeziehungen mit kleineren Schiffen und Treidelkähnen in die nähere Umgebung. Leeuwarden erhielt 1435 Stadtrechte und wurde 1504 Hauptstadt der Region und Sitz der Friesischen Statthalter. Das 16. und 17. Jahrhundert war für Leeuwarden eine goldene Ära. Die

Middelzee um das Jahr 500 mit den Städten von heute

Bevölkerung stieg von 1500 bis 1650 um das mehr als Dreifache auf 16.000, zu damaligen Zeiten eine Großstadt. Als Verwaltungssitz übte die Stadt natürlich Anziehungskraft auf den Adel aus, deren bevorzugte Wohngebiete Eewal, Grote Kerkstraat, Tweebaksmarkt, Weaze und die heutige Einkaufszone Nieuwestad waren. Noch immer zeugen beeindruckende Bauten wie die *Kanselarij*, der *Stadhouderlijk Hof*, die *Waag* und der schiefe Backsteinbrocken *Oldehove* von Blüte und Bedeutung der Stadt zu jener Zeit.

Die *Kanselarij*, 1566 erbaut und 1892 restauriert, hat eine abwechslungsreiche Vergangenheit hinter sich. Sie war ursprünglich friesischer Regierungssitz, dann Gerichtsgebäude, Krankenhaus, Kaserne, Sitz einer

Versicherung und beherbergte bis 2012 Teile des Friesischen Museums[9], welches dann in einen neuen und beeindruckenden Glas- und Stahlpalast am Wilhelminaplein 92 umzog. Die reichverzierte Fassade des Hauses wird gekrönt von einem Treppengiebel, wobei die Stufen nicht etwa leer stehen wie bei den meisten anderen, sondern mit Figuren geschmückt sind. An oberster Stelle steht eine (männliche!) Gestalt als Symbol der göttlichen Vorsehung, auf den Stufen darunter tummeln sich die acht Damen Justitia (Gerechtigkeit), Prudentia (Klugheit), Caritas (Nächstenliebe), Fortitudo (Tapferkeit), Spes (Hoffnung), Temperantia (Mäßigung), Fides (Treue) und Concordia (Eintracht). Der Treppenaufgang wird bewacht von vier Löwen, die stolz die Wappen der früheren friesischen Regionen unter ihren Tatzen festhalten.

Der *Stadhouderlijk Hof* mitten in der Stadt stammt aus dem Jahre 1564 und war bis 1971 im Besitz der königlichen Familie. Heute beherbergt er ein Vier-Sterne-Hotel[10], und die Zimmer verströmen noch immer königliches Flair, jedoch zu moderaten Preisen.

Wo gehandelt wird, wird auch gewogen. Kein Wunder also, dass in Leeuwarden bereits 1483 eine öffentliche Waage erwähnt wird. Das Gebäude, das man heute auf dem Waagplein findet, *De Waag*, wurde vermutlich um 1590 gebaut und ist bekannt als *boterwaag*, also Butterwaage – ein Hinweis auf das, was in Friesland früher in großem Stil produziert wurde. Noch bis 1880 war die Waage in Betrieb; heute kann man von der Terrasse eines Lunchcafés bei einem *kopje koffie* und einem kleinen Imbiss dem geschäftigen Treiben auf dem Waagplein zusehen.

Außerdem sehens- und besuchenswert sind die *Jacobijnerkerk*[11] aus dem 15. Jahrhundert (ältestes Gebäude der Stadt) und das *Blokhuispoort*[12], von etwa 1500 bis 2007 Zuchthaus und Gefängnis, das heute kreative Unternehmen aus den Bereichen Kultur, Wirtschaft, Erholung und Tourismus beherbergt.

---

[9] http://www.friesmuseum.nl
[10] http://www.hotelstadhouderlijkhof.nl/
[11] Bredeplaats 4; www.grotekerkleeuwarden.nl
[12] Blokhuisplein 40; https://www.blokhuispoort.nl/

De Oldehove, Wahrzeichen der Stadt, weist bezüglich seiner Baugeschichte bemerkenswerte Parallelen zum schiefen Turm von Pisa auf, weshalb er gerne ‚Friesischer Turm von Pisa' genannt wird. Als 1435 die Stadt Leeuwarden aus drei Dörfern gegründet wurde, entstand auch eine dreischiffige Basilika, die Sint Vitus-Kathedrale. Doch die Leeuwardener wollten

eine Kirche, größer als der Dom in Utrecht, mit einem Turm, der höher als der der Martinikirche in Groningen sein sollte. Der Baumeister Jacob van Aaken fing 1529 schon einmal mit dem Turm neben der vorhandenen Sint Vitus-Kathedrale an, hatte aber die Rechnung ohne den ungewohnten Untergrund gemacht. Kaum 10 Meter hoch, begann sich der Turm nach Nordwesten zu neigen. Man hoffte, den Turm retten zu können, indem man auf die schiefen ersten 10 Meter nun gerade weiterbaut. Das klappte aber nicht. Als sich der Turm noch weiter neigte, probierte man es abermals mit senkrechtem Weiterbau, musste es aber dann bei 40 Metern Höhe schließlich aufgeben. Der Turm blieb unvollendet.

De Oldenhove: Der Schiefe Turm von Friesland

Das backsteinerne Prachtstück ist nun a) schief und b) auch noch krumm, wie eben sein berühmter Bruder in Pisa. Heute ist der Turm stabilisiert und für Besucher zugänglich. Von oben hat man einen eindrucksvollen Blick über Leeuwarden und bei guter Sicht angeblich bis zu den Watteninseln. Für besonders Mutige und Schwindelfreie gibt es auf dem Dach eine Plattform mit gläsernem Boden, die über dem Oldehoofsterkerkhof schwebt. Auf dem Platz hat man durch kleine Fontänen die Lage der alten Sint Vitus-Kathedrale wieder sichtbar gemacht, die 1576 einem Sturm zum Opfer fiel und einstürzte.

Wenn auf unserem Törn der Kirchturm in Sicht kommt, dann sind wir bereits an den schönsten Anlegestellen in Leeuwarden. Die Wiesen-Liegeplätze an der Wester und Noorder Stadsgracht sind einfach nur lauschig. Sie grenzen an die stillen und romantischen Parkanlagen Westerplantage, Noorderplantage und Prinsentuin, und man liegt unter Bäumen, deren Äste über das Wasser ragen. Die Blätter kleben im Herbst allerdings morgens auf dem Deck, und ihre Beseitigung ist etwas mühsam.

Auf den verschlungenen Spazierwegen in den Parks kann man zum Beispiel zum *Grand Café Restaurant De Koperen Tuin*[13] flanieren oder ein paar Runden joggen. Trotz der Ruhe hat man direkten Zugang zur Innenstadt, von der man aber nichts hört; nur von der gegenüberliegenden Straße kommen ein paar Verkehrsgeräusche, oder Ende Juli und im August tönt sonntags Chor- oder sonstige Live-Musik aus dem kleinen Musikpavillon in den Grünanlagen.

Die Liegeplätze haben Stromanschluss, und auch eine Wasserstation ist vorhanden. Beim Anlegen muss man aufpassen, denn die Wiesen sind bisweilen recht glitschig und fallen steil zum Ufer ab. Da kann man leicht ausrutschen und läuft Gefahr, zwischen Schiff und Ufer zu landen.

Das kulinarische Angebot Leeuwardens ist reichaltig. Die meisten Restaurants liegen entlang oder knapp neben der verkehrsberuhigten Zone von Nieuwestad und Voorstreek, also entlang der zentralen Gracht. Etwa 10 Minuten Fußweg vom Oldehove entfernt haben es uns Atmosphäre und Speisekarte im Restaurant *De Vliegende Hollander*[14] angetan. Etwas irritiert waren wir im *Bar Bistro DuCo*[15], als uns unser Abendessen auf einer Zeitung serviert wurde (Wir dachten an unsere Katze zu Hause). Geschmeckt hat's aber prima, und wer will, kann seinem Steak eigenhändig am Tisch auf einem heißen Stein den gewünschten Gargrad verpassen. Natürlich kann man auch wieder an Bord kochen:

---

[13] Prinsentuin 1; http://www.dekoperentuin.nl/
[14] Berlikumermarkt 15; http://www.vliegendehollanderlwd.nl
[15] Hofplein 29, https://www.ducoleeuwarden.nl

Leckeres aus der Kombüse

Ratatouille

Aubergine, Zucchini, Paprika (zu gleichen Teilen), Zwiebel, Knoblauch, Dosentomaten (Stücke in Saft), Öl, Chiliflocken, Essig, Salz, Pfeffer, Thymian (oder Origano)

Aubergine, Zucchini, Paprika in Würfel, Zwiebel in Spalten, Knoblauch in dünne Scheiben schneiden.

Aubergine und Zucchini in einer großen Pfanne in Olivenöl anbraten, restliches Gemüse hinzufügen und alles mit Chiliflocken, Salz, Pfeffer und Thymian vermengen. Eventuell noch etwas Öl angießen.

Deckel auf die Pfanne legen und Hitze reduzieren. Wenn der Deckel heiß ist, das Gemüse bei kleiner Temperatur ca. 20 Minuten garen. Nach 10 Minuten Tomatenstücke und Tomatensaft nach Geschmack hinzugeben, umrühren, abdecken und weiter bei kleiner Hitze garen. Mit etwas Essig, Pfeffer und Salz abschmecken.

Idealer Begleiter zu allem Gegrillten oder Gebratenen.

Die Hauptstadt der Provinz Friesland ist eine gelungene Mixtur aus historischem Stadtbild, Shoppinggelegenheiten und kulturellen Höhepunkten. Hier findet man in der Nieuwestad und in den abzweigenden Gassen noch wirklich exklusive und ausgefallene Geschäfte. Jeden letzten Samstag im Mai wird die gesamte Innenstadt zur Open-Air-Bühne: Beim *Friesischen Straßenfestival* gehört die Stadt den Theater- und Musikgruppen. Mitte September geht es kulinarisch hoch her: Beim *Proeffestijn Ljouwert Culinair*, dem Schlemmerfest von Leeuwarden, kochen zahlreiche Restaurants um die Wette, und Delikatessgeschäfte präsentieren ihre verlockenden Leckereien. Guten Appetit, oder besser: *Eet smakelijk!*

Im Jahre 2018 war Leeuwarden zusammen mit La Valetta Kulturhauptstadt Europas. Zu diesem Anlass hat sich die Stadt besonders herausgeputzt, was im Stadtbild nachhaltige Verschönerungen, Erneuerungen und Verbesserungen zur Folge hatte. Unter anderem wurde vor dem Hauptbahnhof ein Brunnen mit zwei sieben Meter hohen weißen Köpfen eines Jungen und eines Mädchens errichtet – Teil des Elf-Brunnen-Projektes, das

Die Vrouwenpoortsbrug in Leeuwarden 2015

in jeder der friesischen Städte ein wasserspritzendes Bauwerk entstehen ließ.

Zum Schluss noch drei Persönlichkeiten von vielen, die die Stadt hervorgebracht hat. Da ist zum einen *Theodoor Hendrik van de Velde* (1873-1937)[16], der mit seinem Buch ‚*Het volkomen huwelijk*' (Die vollkommene Ehe) 1926 die erste international renommierte Sexual-Aufklärungsschrift veröffentlichte und prompt auf der Liste der verbotenen Bücher des Vatikans landete. Er ist damit sozusagen der Urvater des Deutschen Oswalt Kolle.

Auch der Künstler und Grafiker *Maurits Cornelis Escher* (M.C. Escher, 1898-1972)[17] wurde in Leeuwarden geboren und erlangte internationale

---

[16] https://de.wikipedia.org/wiki/Theodoor_Hendrik_van_de_Velde
[17] https://de.wikipedia.org/wiki/M._C._Escher

Bekanntheit unter anderem durch seine ‚unmöglichen Figuren', die auf den ersten Blick hübsch und realistisch erscheinen, bei näherem Hinsehen aber perspektivisch oder auf andere Weise unmöglich sind. So entwirft er z.b. in seinem Werk ‚Wasserfall' ein Gebäude als Perpetuum Mobile, bei dem Wasser scheinbar bergauf läuft, von oben über ein Mühlrad fließt, um dann wieder nach oben zu wandern und abermals auf das Rad zu stürzen.

Die wohl schillerndste Persönlichkeit Leeuwardens aber ist Margaretha Geertruida Zelle (1876 – 1917), besser bekannt als *Mata Hari*[18]. Als exotische Schönheitstänzerin mit und ohne Hüllen verdrehte sie in ganz Europa den Männern die Köpfe, darunter auch Politikern und anderen ehrenwerten Herren. Ihre Lebensgeschichte insgesamt und insbesondere die als Spionin ist turbulent, schillernd und etwas konfus. Tatsache aber ist, dass sie letztendlich wegen Doppelspionage und Hochverrats vor ein französisches Militärgericht gestellt und am 15. Oktober 1917 erschossen wurde. Vor ihrem Geburtshaus[19], das 2013 bei einem Großbrand zerstört und inzwischen wiederaufgebaut wurde, haben die Leeuwardener ihr ein Denkmal gesetzt.

Wir verlassen Leeuwarden durch die Noorderbrug und die Eebrug in nordöstlicher Richtung und begeben uns auf die unserer Meinung nach schönste Route in Friesland: Die *Dokkumer Ee (Dokkumer Ie)*, die hinter Dokkum zum *Dokkumer Grootdiep (Dokkumer Grutdijp)* wird. Hinter Leeuwarden schlängelt sich der natürliche Wiesenfluss malerisch durch eine charakteristische Terpen- und Polderlandschaft mit endlosen Wiesen und Weiden, vorbei an verstreuten Gehöften und Mühlen und durch malerische Dörfer mit schmucken Kirchtürmen. Nur ab und zu unterbrechen Bäume den Blick in die Weite. Die Dokkumer Ee bestand lange Zeit aus zwei Entwässerungsflüsschen, die später durch einen künstlichen Kanal zwischen *Tergracht* und *Birdaard (Burdaard)* verbunden wurden. Man erkennt dort noch heute das Stück Verbindungskanal, das – im Gegensatz zur sich durch die Landschaft windenden Ee – schnurgerade verläuft. Diese Verbindung gab der Schifffahrt auf dem Gewässer neue Impulse, denn nun konnte man unter anderem mit Treidelkähnen den Norden Frieslands mit

---

[18] https://de.wikipedia.org/wiki/Mata_Hari
[19] Kelders 33, https://mataharileeuwarden.nl

Gütern und Rohstoffen versorgen. Der frühere Leinpfad am Westufer ist heute ein beliebter Radwanderweg. Als Transportweg hat die Ee ihre Bedeutung inzwischen verloren, dafür ist sie aber für Freizeitskipper als Teil der *Staande Mastroute* zu Ehren gekommen.

Wir folgen den Biegungen der Ee und passieren bis zum Örtchen **Wijns (Wyns)** vier durchaus empfehlenswerte Marrekrite-Anlegestellen, zwei davon am Westufer neben dem Radweg[20] und zwei am Ostufer, einer davon kurz vor Wijns[21]. Von diesem aus kann man in einer knappen Viertelstunde zu Fuß in den Ort wandern und im *Eetcafé De Winze*[22] auf der Terrasse über der Ee bei einem Snack das Treiben auf dem Fluss beobachten. Ruhig – weil wieder einmal ohne Landverkehrsanbindung – liegt man in Höhe von Miedum, wo man zwischen zwei Stegen in OW- oder NS-Richtung auswählen kann[23].

Birdaard

Von Wijns geht die Fahrt – vorbei an einigen Windmühlen in der Ferne – nonstop über 6,5 Kilometer bis ins Zentrum von **Birdaard (Burdaard)**[24], einem niedlichen, etwas verschnarchten, aber sympathischen Örtchen zwischen zwei Brücken. Hier und am übrigen Nordufer finden sich zahlreiche Liegeplätze an der Dorfkade mit direktem Zugang zum Ort. Romantischer ist es aber unter der alten Windmühle nahe der östlichen Brücke. Der Hafen *Mounehiem*[25] ist hauptsächlich für Passanten reserviert und mit guten sanitären Anlagen, Strom und Trinkwasser ausgestattet. Die in unmittelbarer Nachbarschaft gelegene Mühle *De Zwaluw*[26] wurde 1875 als Säge-, Getreide- und Schälmühle gebaut und ist die höchste Mühle in Fries-

---

[20] N53°13.836' E5°49.105' (53.23061, 5.81841) und N53°14.455' E5°49.859' (53.24092, 5.83098)

[21] N53°14.783' E5°49.940' (53.24639, 5.83233)

[22] Wijns 30; www.dewinze.nl

[23] N53°14.212' E5°49.548' (53.23686, 5.82580)

[24] N53°17.726' E5°52.850' (53.29544, 5.88083)

[25] N53°17.768' E5°52.949' (53.29613, 5.88248)

[26] https://www.dezwaluw-burdaard.nl/

land. Sie wurde bis 1966 aktiv betrieben und dann stillgelegt. 1971 erklärte man sie zum Denkmal, was ihr aber nicht viel nützte, als sie ein Jahr später vom Blitz getroffen wurde. Sie brannte bis auf den gemauerten Stumpf ab, weil die Feuerwehr angeblich nicht hoch genug spritzen konnte. Ab 1984 sorgte dann eine Stiftung für genügend Geld, um die Mühle zu rekonstruieren. Seit 1988 wird wieder Getreide gemahlen, und die Mühle kann besichtigt werden.

Zwischen der westlichen Brücke und der Mühle schlummert eine kleine, aber feine Überraschung: das *Ruurd-Wiersma-Haus*[27] mit seiner skurrilen Geschichte. Ruurd Wirsma (1904-1980) verdiente ab 1955 in Birdaard

Birdaard an der Dokkumer Ee

seinen Lebensunterhalt als Milchschiffer, der mit einem Lastkahn zwischen Bauern und Molkereien hin- und herpendelte. Eines Tages machte sein heimischer Ölofen Probleme – die einen sagen, er qualmte, die anderen sprechen von explodieren. Wie auch immer, sein Wohnzimmer war an Wänden und Decke mit fettigem Ruß beschmiert. Behelfsmäßig beklebte er die Flächen mit weißem Papier, was ihm aber auf Dauer optisch nicht genug hergab. Also kaufte er sich Pinsel und Fahrradfarbe und bemalte in fünf Jahren Arbeit die vier Wände flächendeckend und detailverliebt mit

---

[27] http://ruurdwiersma.nl

Motiven aus den vier Jahreszeiten. Heute würde man sie als Wimmelbilder bezeichnen. Einmal in Fahrt ging es dann an die Möbel und andere Dinge des täglichen Lebens sowie weitere Zimmer. Diese Kunstwerke sowie eine Reihe von Bildern sind im Sommer von dienstags bis sonntags von 13 bis 17 Uhr zu besichtigen.

Ruurd Wiersma: "De Melkvaarder" (Ausschnitt)

Nach Birdaard sollte man verpflegungstechnisch nicht unvorbereitet kommen, denn die Versorgungslage ist nicht üppig. Immerhin: Es gibt einen kleinen charmanten Supermarkt am Jislumerdyk 6, außerdem eine Bäckerei am Brugweg 8, beide weniger als 100 Meter nördlich bzw. südlich der Steenhuisbrug. Das Hotel und Restaurant *It Posthûs*[28] direkt an derselben Brücke bietet ein ansprechendes Ambiente und eine attraktive Speisekarte. Wir haben es einmal abends ausprobiert und waren vom Angebot recht angetan.

Haben Sie Fahrräder an Bord? Dann hier ein Tipp für einen kurzen Ausflug:

Knapp drei Kilometer fährt man zur Windmühle *De Olifant*[29], die malerisch in der Landschaft liegt und aussieht, als hätte man ihr einen weißen Kittel angezogen. Gebaut wurde sie 1856 für einen Polder in Groningen.

---

[28] Ds. R.H.Kuipersstraat 1; http://www.posthusburdaard.nl
[29] N53°16.815' E5°52.629' (53.28024, 5.87714)

1867 hat man sie an den gegenwärtigen Standort verlegt, wo sie bis 1970 noch der Be- und Entwässerung diente.

Wir schlängeln uns weiter auf der Dokkumer Ee Richtung Dokkum, vorbei an weiten grünen Wiesen mit schwarz-weißen Kühen, überspannt vom blauen Himmel mit schneeweißen Wolken, die mit ihrer Unterseite auf einer unsichtbaren Glasscheibe über uns zu schweben scheinen. Hier und dort trifft uns ein Schwall landwirtschaftlicher Gerüche, wenn wir an langgestreckten, niedrigen Stallungen entlanggleiten. Deren Nachbarschaft sollte man übrigens meiden, wenn man unterwegs einmal kurz anlegen oder gar über Nacht bleiben möchte. Je nach Windrichtung kann der ‚Duft' arg stören, und nachts wird die lauschige Atmosphäre nicht selten durch helle Beleuchtung beeinträchtigt. Vor der Klaarkampsterbrug können wir noch einen Marrekriteplatz an einer Wiese empfehlen, der unseren Vorstellungen vom naturnahen Festmachen sehr entgegenkommt.[30]

Kurioses am Rande

Weil man auf einem Bootstörn viel Zeit hat, kommt man an der Beobachtung von Tieren einfach nicht vorbei, und es gibt schon drollige Verhaltensweisen der Viecher.

Wir legen an einem ‚unserer' naturnahen Liegeplätze an und entdecken in der Ferne eine Herde von halbstarken **Kühen** *auf der Weide, die sich offenbar sehr für Bauarbeiten interessieren. Aufgereiht am Weidezaun beobachteten sie höchst aufmerksam, wie ein fremdes Tier mit Namen Bagger sich mal nach links, mal nach rechts dreht und wendet, den stählernen Hals mal lang macht, dann wieder einzieht. Als jedoch ein Tier bemerkt, dass am anderen Ende der Weide ein Schiff angelegt hat und dass es dort nun etwas Neues zu bestaunen gibt, setzt sich die Truppe wie auf Kommando in Bewegung und galoppiert (was man nicht gerade oft sieht!) auf uns zu. Da stehen sie dann nun wieder mit ihren plüschigen Ohren, schön nebeneinander am Zaun, glotzen uns mit ihren großen Augen an und warteten darauf, dass sie jetzt von uns bespaßt werden. Aber da tut sich nicht viel, außer dass wir ein paar freundliche Worte an sie richten. So kommt es ihnen offenbar gelegen, dass am Tor im Weidezaun ihr Bauer erscheint. Also nichts wie eilig (!) dorthin und mal sehen, was der so zu bieten hat.*

---

[30] N53°18.661' E5°55.269' (53.31102, 5.92114)

*Ein anderes Mal begrüßt uns beim Anlegen etwa ein Dutzend **Enten**, die laut quakend um Fütterung bitten. Sie scharwenzeln eine Zeitlang um unser Heck herum, aber als wir uns nicht erweichen lassen und sogar noch die Frechheit besitzen, unter Deck zu gehen, verziehen sie sich nach und nach alle wieder ins Schilf – bis auf eine. Die ist offenbar von den anderen als Wachtposten ausgeguckt worden. Denn sobald jemand von uns an Deck erscheint, quakt die Wachente Alarm, worauf wir umgehend wieder das Dutzend komplett um uns haben. Verschwinden wir von Deck, verschwinden auch die Enten wieder – bis auf die eine. Wir haben das ein paar Mal ausprobiert, und es klappte immer wieder.*

Dokkum

Wir mäandern weiter zusammen mit dem Flüsschen durch die grüne Landschaft, durchfahren schließlich ein kleines Gewerbegebiet und passieren mit der Eebrug eine der vier Brücken von *Dokkum*. Die drei innerstädtischen werden normalerweise von nur einem Brückenwärter bedient, der von Einsatzort zu Einsatzort mit dem Fahrrad unterwegs ist. Wenn man also Pech hat und kommt ausgerechnet in dem Augenblick an der ersten Brücke an, wenn der Wärter sich gerade – zusammen mit ein paar Booten – auf den Weg zur zweiten und dritten gemacht hat, dann kann es schon was dauern, bis er mit den Schiffen der Gegenrichtung wieder bei uns auftaucht. Also wappnen Sie sich vorsichtshalber mit Geduld. Wenn man aber einmal mit ihm zusammen in eine Richtung unterwegs ist, ist es eine Freude zu sehen, mit welchem Elan er die Strecken zwischen den Brücken per Rad meistert. In der Hochsaison allerdings bekommt er Entlastung: ein zweiter Brückenwärter kümmert sich dann um das Öffnen und Schließen der Woudpoortsbrug.

Das Brückengeld für alle Dokkumer Brücken wird an der zweiten Brücke (Altenabrug) per Holzschuh kassiert, und das in beide Richtungen; jedes Passieren der dieser Brücke kostet also Geld. Sollten Sie nur einen kurzen Besuch in Dokkum ohne Durchfahrt planen, dann suchen Sie sich einen Liegeplatz vor der Altenabrug und gehen den Rest zu Fuß.

Dokkum ist wirklich sehenswert. Da wir vor unserer Weiterfahrt Richtung Lauwersmeer etwas länger bleiben wollen, suchen wir einen der schönsten Liegeplätze im Ort auf: an der Baantjegracht[31] zwischen den Windmühlen *Zeldenrust* und *De Hoop*. Beide stehen auf je einer der sechs Bastionen der ehemaligen Stadtbefestigung. Urkundlich erwähnt wird Dokkum zum ersten Mal im Jahre 754. Die friesischen Heiden hatten keine Lust auf christliche Bekehrung und brachten kurzerhand den ihnen lästigen

Unser Lieblingsliegeplatz in Dokkum

Missionar Bonifatius (*673) um, der sein Glück 40 Jahre vorher schon einmal versucht hatte. Das war zu einer Zeit, als Friesland noch aus über 950 Terpen bestand, die täglich zweimal vom Meer umspült wurden und dann wieder trockenfielen. Der römische Geschichtsschreiber Plinius spricht von einer Gegend, von der man nicht so recht weiß, ob sie zum Land oder zum Meer gehört.

---

[31] N53°19.425' E5°59.777' (53.32375, 5.99629)

Um das Jahr 1000 herum begann man mit dem Bau von Deichen, die dem Schutz und der Landgewinnung dienten. Das Terpendorf Dokkum hatte über den Dokkumerdiep, einen Ausläufer der Lauwerszee mit Ebbe und Flut, Zugang zum offenen Meer, wodurch sich der Ort zu einem erfolgreichen Handelsplatz entwickelte. Er erhielt 1298 Stadtrechte, und zusammen mit dem Münzrecht aus dem 11. Jahrhundert wurde Dokkum zu einer wichtigen Hafenstadt mit Verbindungen nach Norddeutschland, Skandinavien und Russland. Der Halbmond im Stadtwappen erinnert daran, dass hier Anfang des 13. Jahrhunderts sogar Schiffe für den Zweiten Kreuzzug ausgerüstet wurden. Bereits Anfang des 15. Jahrhunderts war Dokkum ein befestigter Ort, und 1581 wurde mit dem Bau der heute noch immer deutlich sichtbaren Bastionen begonnen. Rund 50 Jahre lang – von 1596 bis 1645 – war Dokkum Sitz der Admiralitäten von Friesland und Groningen. Aus dieser Zeit stammt eine der Sehenswürdigkeiten, das *Admiralitätshaus* von 1618, heute Teil des Museums Dokkum. Auch das sehenswerte *Stadhuis* entstand damals mit seinem charakteristischen

Dokkum: Der Heilige Bonifatius

Türmchen und einem Carillon, dessen 49 Glocken jeden Freitag zwischen 19 und 20 Uhr ein Abendkonzert erklingen lassen. Anschließend empfiehlt sich ein Abendessen im *Grand Café de Waegh*[32], im Gebäude der ehemaligen *Stadtwaage* aus dem Jahre 1754.

Zum Schluss noch etwas Versöhnliches: Der Tod des Bonifatius hat den Dokkumern wohl doch zugesetzt. Zwar war Dokkum schon seit langem mit Unterbrechungen Wallfahrtsort, aber 1934 hat man dem heiligen Mann zu

---

[32] Grote Breedstraat 1; dewaeghdokkum.nl

Ehren endlich eine eigene Kapelle aus Steinen ehemaliger friesischer Klöster und Abteien gebaut (*Bonifatiuskapelle*), davor eine Statue, die den Märtyrer zeigt, wie er sich mit der Bibel über dem Kopf vor den Angriffen seiner heidnischen Gegner zu schützen versucht.

Das für uns attraktivste historische Bauwerk ist allerdings die Stadtbefestigung. Zum einen kann man dort auf einem etwa zwei Kilometer langen Rundkurs gemächlich um die Altstadt joggen, zum anderen lieben wir die schon erwähnten auf den Bastionen gelegenen malerischen Windmühlen, die für uns noch immer der Inbegriff Frieslands sind, auch wenn inzwischen moderne Windräder das Landschaftsbild prägen. Innerhalb des Walls erinnern viele schöne Fassaden und Giebel an frühere Jahrhunderte. Trotzdem ist Dokkum kein Museum, sondern eine quirlige und lebendige Stadt mit attraktiven Geschäften und einer gastfreundlichen und einladenden Kneipen- und Restaurantszene. Wir suchten ein Restaurant in der Nähe unseres Liegeplatzes unter den Mühlen. Unser Besuch im *Hotel Café Restaurant Van der Meer*[33] an der Woudpoortsbrug fiel zu unserer vollen Zufriedenheit aus.

Sollten Sie sich abends um zehn vor zehn über das Läuten einer Glocke der *Sint-Martinuskerk* wundern: Das ist die Torglocke, die *poortklok* oder das *meidenklokje*, die traditionell daran erinnert, dass früher um 22 Uhr die Zugbrücke an der Aalsumerpoort geschlossen wurde und sich insbesondere diejenigen Mädchen zu beeilen hatten heimzukommen, die noch außerhalb der Stadt waren. Heute ist dort eine feste Brücke, und jeder kann nach seinem Geschmack entscheiden, wann er nach Hause geht.

Der Lauwerszee-Ausläufer, das **Dokkumer Grootdiep**, endete bis 1729 mitten in Dokkum am heutigen Platz *De Zijl*, was so viel wie Deichschleuse heißt. Östlich davon garantierte der Meeresarm dem Ort Wohlstand und Wachstum, bis er nach und nach versandete und nur noch eine stark mäandernde Fahrrinne übrigblieb. Schon 1645 zog die Admiralität deshalb nach Harlingen um. Als 1729 die *Dokkumer Nieuwe Zijlen*[34] am heutigen Ende des Dokkumer Grootdiep gebaut und damit der Meeresarm von der

---

[33] Woudweg 1; http://www.hotelvandermeer.nl
[34] N53°19.091' E6°09.463' (53.31819, 6.15771)

Lauwerszee abgeschlossen und bis auf eine enge Fahrrinne trockengelegt wurde, war es aus mit dem florierenden internationalen Seehandel in Dokkum. Der Freizeitskipper von heute hingegen kann sich auf seinem Weg zum Lauwersmeer auf ein Stück wunderschöne Flusslandschaft freuen.

Wir verlassen Dokkum durch die Schreiersbrug vorbei an einem kleinen Freizeitgelände mit dem Namen *Schreiershoek*. Hier verabschiedeten sich früher Frauen und Kinder unter Tränen, Weinen und Geschrei (*schreien* = weinen, heulen, flennen) von ihren Männern, die für lange Zeit auf (Geschäfts-)Reisen gingen. Auf unserem Weg begleiten uns an beiden Seiten Reste der alten Deiche und wieder einmal Wiesen, Wiesen und nochmal Wiesen. Alle Brücken zwischen Dokkum-Zentrum und dem Lauwersmeer können per Watersport-App fenbedient werden

Bei Oostrum passieren wir den kunstvoll gemauerten − aber leider schiefen − Schornstein einer alten Ziegelei. Ab und zu muss man einem treibenden Ast ausweichen oder darauf achten, dass man sich kein von der Strömung losgespültes Schilf mit der Schiffsschraube einfängt. Nach knapp 10 Kilometern gemächlicher Fahrt erreichen wir die *Dokkumer Nieuwe Zijlen*. Hier wäre eigentlich Schluss mit unserem Ausflug, denn früher gab es hier nur ein Wehr zur Wasserregulierung. Aber als der Abschlussdeich im Norden der Lauwerszee im Jahre 1969 geschlossen wurde und die ‚Zee' zum ‚Meer' wurde, baute man südlich des Wehrs eine zusätzliche Schiffsschleuse, die *Willem Lorésluis*.

Lauwersmeer

Hinter der Schleuse beginnt eine faszinierende Welt, der *Naturpark Lauwersmeer*. Durch den Abschlussdeich verschwand 1969 zwar ein Stück Wattenmeer, dafür entstand aber eine einzigartige Landschaft mit einer interessanten Flora und einer vielfältigen Fauna. Insbesondere Vogelfreunde kommen hier auf ihre Kosten. Rund 100 Vogelarten brüten im Uferschilf, auf kleinen Inseln und schutzbietenden Wiesen, und zigtausend Gänse überwintern hier. Stelzenläufer, Wassertreter, Löffler, Rohrweihe und Rohrdommel sind zu beobachten, ganz zu schweigen von der Grundpopulation gefühlter Millionen von Wasserhühnern und Möwen. Auch der

Lauwerszee um 1500

Seeadler ist seit einigen Jahren hier zu Hause, und erste Flamingos wurden bereits gesichtet. Kleine, robuste Konikpferde und Schottische Hochland-rinder weiden auf den trockengefallenen Flächen. Schilf- und Binsenge-wächse, Wasserminze, Wolfstrapp, Wasserschwertlilien, Strandaster, Ackerkratzdistel, Engelwurz und krauser Ampfer haben sich im Naturpark angesiedelt, und sogar – man höre und staune – verschiedene Orchideen-arten.

Da der Nationalpark zum größten Teil aus Wasserfläche besteht, ist er ein Paradies vor allem für Kanus, Surfbretter, Schaluppen und Segler. Wenn man – wie unser Kajütkreuzer – mehr als 1 Meter Tiefgang hat, tut man gut daran, sich an die gekennzeichneten Fahrrinnen zu halten. Die Markierung besteht zum Teil statt aus Tonnen aus Pricken – das alte Wat-tenmeer lässt sich nicht verheimlichen. Aber auch so bleibt genügend Platz. Im Norden kann man bei Wassertiefen von einigen Metern und einer Brei-te des Fahrwassers von über einem Kilometer zwischen den Tonnen be-denkenlos kreuzen und sich den Seewind von jenseits des Abschlussdeichs um die Nase wehen lassen.

Liegeplätze mit einer guten Versorgung finden sich in den fünf Jachthäfen: *Jachthaven Lunegat*[35] nahe der Willem Lorésluis, *Jachthaven Lauwersmeer*[36] bei Oostmahorn, *Jachthaven Noordergat*[37] bei Lauwersoog, *Jachthaven Hunzegat*[38] bei Zoutkamp und der *Binnenhaven Zoutkamp*[39] am Reitdiep. Hübsche Marrekrite-Plätze sind in diesem riesigen Gebiet eher rar gesät. Hier zwei davon, die wir als schön empfunden haben und mit denen sich das Angebot für Motoryachten unseres Kalibers im Wesentlichen erschöpft: Da ist zum einen das verborgen gelegene Hafenbecken etwa zwei Kilometer hinter der Willem Lorésluis an steuerbord[40]. Wie überall am Lauwersmeer ist es hier ratsam, in Ufer- und Inselnähe auf die Wassertiefe zu achten. Wir folgen weiter dem Fahrwasser und erreichen nach weiteren gut 2 Kilometern das Inselchen Senneroog[41] mit seinem geräumigen und weitgehend windgeschützten Hafenbecken. Hier trafen wir einmal auf einen freiwilligen ‚Fliegenden Holländer', der Haus und Hof und Hab und Gut verkauft und sich dafür ein ansehnliches Schiff mit allem Komfort zugelegt hatte. Auf dem lebt er nun mit seiner Frau, fährt in der Natur von Liegeplatz zu Liegeplatz und steuert nur dann Häfen an, wenn er Proviant braucht oder die Wäsche waschen muss, und natürlich im Winter.

Auf unserem Weg nach Norden taucht schon bald am Horizont ein höchst spannendes Bauwerk auf: die schon von weitem sichtbaren *R.J. Cleveringsluizen* (früher Lauwerssluizen). Sie ragen in den Himmel und sehen aus der Entfernung aus wie drei riesige Kämme, die man in den Abschlussdeich gerammt hat. Wasserseitig sollte man sie sich aus respektvollem Abstand anschauen. Gelbe Tonnen markieren den Bereich, der wegen starker Strömungen während des Wasserabflusses ins Wattenmeer (*spuien*) nicht befahren werden darf. Wir wollen das Wunderwerk der Technik einmal genauer inspizieren und suchen uns für unseren Landgang einen Platz im nicht gerade romantischen Jachthaven Noordergat. Auf der

---

[35] http://www.lunegat.nl; N53°19.100' E6°10.150' (53.31833, 6.16917)

[36] http://www.jachthavenlauwersmeer.nl; N53°22.938' E6°09.628' (53.38230, 6.16046)

[37] http://www.noordergat.nl; N53°24.306' E6°12.094' (53.40510, 6.20157)

[38] http://www.hunzegat.nl; N53°20.375' E6°17.551' (53.33958, 6.29251)

[39] https://www.havenzoutkamp.nl ; N53°20.163' E6°18.014' (53.33605, 6.30024)

[40] N53°19.572' E6°10.636' (53.32620, 6.17726)

[41] N53°20.664' E6°10.605' (53.34440, 6.17675)

Deichstraße wenden wir uns Richtung Robbegatsluis, dem Zugang vom Lauwersmeer zum Wattenmeer. An der Wattenmeerseite im Hafengebiet bietet ein Informationspavillon viel Wissenswertes über die Fischerei, den Deich und seine Schleusen sowie den Naturpark Lauwersmeer.

Die drei Bauwerke der R.J. Cleveringsluizen bestehen aus je vier Entwässerungskanälen. Sie werden geöffnet, wenn im Wattenmeer Ebbe herrscht und der Wasserstand dort niedriger ist als im Lauwersmeer. So kann das überflüssige Wasser wegen des Höhenunterschiedes einfach durch den Deich nach draußen fließen. Bei Windstärke 8 und mehr aus Nordwest kann das allerdings auch mal danebengehen. Dann schiebt der Sturm das Wasser derart in das Wattenmeer, dass es auf der Seeseite der Schleuse

R.J. Cleveringsluizen am Lauwersmeer

höher steht als binnen. Das kann aber ruhig ein paar Tage dauern, ohne dass das Lauwersmeer überfließt oder sich das Wasser bis ins Landesinnere zurückstaut.

Mitten durch das Lauwersmeer verläuft die Provinzgrenze zwischen Friesland und Groningen. Ein Kuriosum: Zwei Drittel der R.J. Cleveringsluizen gehören zu Friesland, ein Drittel zu Groningen. Eigentlich wollen wir ja Friesland erkunden, trotzdem leisten wir uns doch einen kleinen Abstecher nach **Zoutkamp**, Provinz Groningen, wo wir uns im schon erwähnten Binnenhafen ein ruhiges Plätzchen suchen.

Zoutkamp

Zoutkamp hat eine bewegte Geschichte hinter sich. Im Jahre 1418 wird erstmals ein Ort namens Soltcampum erwähnt, das spätere Zoutkamp. Das Städtchen war von großer strategischer Bedeutung, denn es bewachte den einzigen Seezugang von Groningen über das Reitdiep[42]. 1576 errichteten spanische Truppen Verteidigungsanlagen, die Schanz Soltecampe. Die Bevölkerung bestand über Jahrhunderte vorrangig aus Soldaten. Noch Ende des 18. Jahrhunderts wurden die Befestigungsanlagen durch eine Küstenbatterie verstärkt, bevor 1882 die militärische Ära Zoutkamps ihr Ende fand. Die Anlagen wurden abgerissen und geschleift, so dass heute nichts mehr davon zu sehen ist.

Schon im 18. Jahrhundert ließen sich verstärkt Fischer in Zoutkamp nieder. Als 1825 ein Fischereihafen eingerichtet wurde, ging es mit Zoutkamp zunächst bergauf, denn auch Betriebe der Fischverarbeitung siedelten sich

Zoutkamp: Binnenhafen

---

[42] Erst mit Fertigstellung des Eemskanaal im Jahre 1876 verlor Zoutkamp diese strategische Funktion.

nun dort an, in denen die Fischerfrauen Beschäftigung fanden. Eine Reminiszenz an diese Zeit ist die Aalräucherei[43] an der Reitdiepskade 300 Meter südöstlich von unserem Hafen. Dort kann man nicht nur Räucheraal, sondern auch andere Räucherfische, Frischfisch und Garnelen für die Kombüse kaufen.

Trotz allem ließ sich von der Fischerei nicht gut leben, weshalb viele junge Leute abwanderten. Erst als Anfang des 20. Jahrhunderts die Krabbenfischerei Einzug hielt, begann eine neue Blütezeit für Zoutkamp, in der sogar ein neuer Hafen angelegt wurde. Im Zweiten Weltkrieg wurde das Dorf arg in Mitleidenschaft gezogen; eine Grundsanierung war erforderlich. Wie bei uns in Deutschland hieß das auch hier, dass der alte Baubestand niedergemacht wurde und neue Gebäude entstanden. Ein Teil der alten Fischerhäuser wurde allerdings gerettet und ist heute im Zuiderzeemuseum in Enkhuizen, einem Freilichtmuseum am Westufer des Ijsselmeers, zu besichtigen. In Zoutkamp selbst stehen noch einige der betagten Bauten in der Vissersstraat.

Heute leben die 1200 Einwohner von Zoutkamp vorrangig von Land- und Fischereiwirtschaft sowie vom Tourismus. Ein Rundgang durch den Ort lohnt sich unter anderem deshalb, weil hier Tradition und Moderne zusammentreffen. Niedlich anzusehen ist zum Beispiel das *leugenbankje* am Binnenhaven, wo sich die Fischer noch heute gegenseitig ihre Lügen(?)geschichten erzählen. Ebenfalls einen Blick wert sind die putzigen Brückenwärterhäuschen an der *Reitdiepsluis* und der *Hunsingosluis*. Am Ende vom Binnenhaven auf der gegenüberliegenden Straßenseite erinnert ein Haus, das früher auch als Schleusenwärterwohnung diente, an den Standort der ehemalien Küstenbatterie. Kanonen vor dem Eingang zeugen von wehrhafter Vergangenheit. Farbenfreudig geht es an der Reitdiepskade zu. Holzhäuschen aus den 90er Jahren ziehen mit ihren bunten Giebeln unsere Aufmerksamkeit auf sich und vermitteln ein leicht skandinavisches Flair. Futuristisch hingegen mutet die Zentrale der *Heiploeg International B.V.*[44] an, etwa einen Kilometer nördlich vom Binnenhaven. Die Traditions-

---

[43] Reitdiepskade 16; http://palingrokerijpostma.nl
[44] https://www.heiploeggroup.com/nl-nl/

firma für Fisch und Meeresfrüchte wurde Anfang der 1920er Jahre in Zoutkamp gegründet und ist heute größter Nordseekrabbenlieferant in Europa und auf vier Kontinenten vertreten.

Meeresbewohner spielen in der Gastronomie Zoutkamps eine große Rolle. Keine Karte ohne Fisch- und Garnelengerichte, die einem das Wasser im Mund zusammenlaufen lassen. Direkt am *Binnenhaven* liegen zwei Restaurants mit attraktiven Angeboten: Das Restaurant *ZK86*[45] und das

Häuschen und Aalräucherei in Zoutkamp

Restaurant-Ijssalon de Boeter[46], beide mit Terrassen zum Hafen. Etwas gehobener – auch im Preisniveau – geht es im Restaurant *De Oude Sluis*[47] in der Nähe der Hunsingosluis zu. In Zoutkamp kann man einen ereignisreichen Tag also in aller Ruhe ausklingen lassen.

---

[45] Reitdiepskade 1a; www.zk86.nl – Das Restaurant befindet sich in einem Gebäude, in dem früher die Schleusentore gewartet wurden.

[46] Reitdiepskade 2; www.deboeter.nl – Der Kibbeling hier hat uns überzeugt! Kein Vergleich mit dem Angebot in Imbissbuden oder bei fliegenden Händlern!

[47] Hunsingokade 3; www.deoudesluis.eu

Vom Meer zum Moor

Von Zoutkamp aus soll es eine sehr schöne Route Richtung Groningen geben, nämlich über das Reitdiep. Wir haben sie noch nie erlebt, weil uns immer die sich anschließenden eintönigen 45 Kilometer Fahrt von Groningen zurück bis zum Eingang des Nationalparks *De Alde Feanen* bei Wartena abgeschreckt haben. Das sind vier bis fünf Stunden non-stop über den Van Starkenborgh-Kanaal und den Prinses Margriet-Kanaal mit begleitender Berufsschifffahrt – nicht gerade unser Traum. Als Alternative bleibt uns nur die deutlich längere, aber schönere Rückfahrt über das Lauwersmeer und Richtung Leeuwarden, die wir nun antreten.

Kurioses am Rande

Auf unserer Fahrt vom nördlichen ins südliche Lauwersmeer bemerken wir an steuerbord eine Yacht mit flatternden Segeln, die sich nicht von der Stelle bewegt. Sie ist offenbar bei einer Untiefe auf Grund gelaufen, denn aus Lauwersoog naht bereits ein offizielles Schlauchboot, das die Yacht auf den Haken nimmt und freischleppt. Unsere hämische Bemerkung „Wer Karten liest, ist im Vorteil!" sollten wir schon bald bedauern.

Kurz darauf haben wir die Wahl zwischen zwei Liegeplätzen, einer steuerbord querab und ein anderer 150 Meter voraus. An letzterem, den wir bevorzugen, scheint gerade ein Schiff abzulegen und Platz zu machen. Aber das dauert. Wir laufen mit kleiner Fahrt weiter, bis Eva eher beiläufig bemerkt: „Unser Tiefenmesser spinnt wieder. Er zeigt nichts mehr an, und unsere Geschwindigkeit ist auch ‚null'." Grund: Wir sitzen ebenfalls fest. Vor lauter Beobachten und Taktieren sind wir nämlich aus der Fahrrinne geraten und stecken nun im Schlamm. Wir können uns zwar mit Vollgas zurück befreien, schämen uns aber granatenmäßig. Wie heißt es doch schon so treffend in der Bibel? „Hochmut kommt vor dem Fall."

Wir passieren wieder die *Willem Loresluis*, diesmal in umgekehrter Richtung, und drehen kurz dahinter für einen kleinen Abstecher den Bug Richtung Süden ins **Dokkumer Dijp (Alddijp)**, wo wir nach knapp zwei Kilometern nach Backbord ins **Sylster Ryd (Zijlsterrijd)** Richtung *Kollum* abbiegen.[1] Ab hier gilt eine Geschwindigkeitsbegrenzung von 6 km/h. Die bewegliche Zijlsterrydbrug lässt sich wieder per Fernbedienung durch die Watersport-App öffnen. Nach weiteren zwei Kilometern erreichen wir den Nordrand von **Kollum** und die Einfahrt zum *Yachthaven de Rijd*[2], der für Passanten im Kanal südlich des Hafenbeckens und am **Kollumer Kanaal** südlich der Hafeneinfahrt rund 350 Meter Land- und Stegliegeplätze bereithält.

Kollum

Kollum ist ein Dorf mit kleinstädtischem Charakter. Seine Entwicklung, die bereits im frühen Mittelalter beginnt, verdankt der Ort seinen guten Verkehrsanbindungen und damit ausgezeichneten Handelsmöglichkeiten. Über den Wasserweg gelangte man nach Dokkum und hatte zudem direkten Meeresanschluss, über Land ging eine Straße - die heutige *Voorstraat* - direkt nach Groningen. Noch heute ist die *Voorstraat* die Shopping-Meile mit einer Reihe von netten Geschäften und Geschäftchen, auf der das Bummeln einfach Spaß macht. Irgendwann kreuzt man eine Gracht, entlang der in Richtung Norden der Hafen wieder erreicht werden kann.

Bemerkenswert ist, dass Kollum bei nur 5.500 Einwohnern über zwei mächtige Kirchenbauten verfügt: Die *Maartenskerk*[3] aus dem 15. Jahrhundert mit Wandmalereien im Innenraum, die erst 1882 entdeckt wurden, und die erst 100 Jahre alte *Oosterkerk*[4]. Letztere erscheint äußerlich zwar mächtig, aber architektonisch wenig interessant, innen jedoch besticht sie durch höchst spannende und sehenswerte Konstruktionen mit Bögen und Emporen, die durch moderne, farbenfrohe Deckenmalereien zusätzlich in Szene gesetzt werden.

Einen Besuch wert ist auch das *Alte Rathaus*[5], nicht alleine weil es hübsch aussieht, sondern auch weil seit 2022 das *Grand Café WALD*[6] in

---

[1] N53°18.178' E6°08.465' (53.30296,6.14108)
[2] https://www.wsvkollum.nl/haven/, N53°17.263' E6°09.193' (53.28771,6.15322)
[3] Voorstraat 39
[4] Oostenburgstraat 1
[5] Vorstraat 35
[6] https://grandcafewald.nl/, Voorstraat 46, +31 (0)511 233022

Deckenmalerei in der Oosterkerk (Kollum)

liebevoll restauriertem Ambiente seine Gäste verwöhnt. Mediterrane Küche mit Pizza, Pasta, Döner, Taccos, aber auch mit Grillspezialitäten und den allgegenwärtigen Spareribs zu zivilen Preisen bietet die *Gasterij Manjefiek*[7].

Wer sich lieber selbst versorgt, für den halten drei Supermärkte[8] ihr Angebot bereit.

Wir fahren auf demselben Weg zurück zu Dokkumer Grootdiep und Ee in Richtung Leeuwarden. Hier hatten wir die Möglichkeit, Betrachtungen über angeblich einheitliche Brückenöffnungszeiten anzustellen. Im Wateralmanak 2 von 2019 heißt es: „Die Provinz Friesland strebt danach, dem Wassersport in Friesland einen Qualitätsimpuls zu geben. Der erste Schritt nach ,Grenzenlos Fahren' ist das schrittweise Abschaffen der Pausen bei den Bedienungszeiten." Ein löbliches Unterfangen. Als reguläre Zeiten werden in der üblichen Saison (April bis Oktober) 9-19 Uhr bzw. für die Hochsaison bis 20 Uhr angegeben. Es folgt eine lange Liste von Brücken,

---

[7] https://www.gasterijmanjefiek.nl/, Voorstraat 63, +31 (0)511 453 378
[8] Meester Andreaestraat 12 A, Meester Andreaestraat 16, Willem Loréweg 2A

die angeblich diese regulären Öffnungszeiten anbieten, darunter auch alle Brücken (außer in Dokkum) vom Lauwersmeer bis vor Leeuwarden.

Die Realität sah allerdings an dem Tag, an dem wir unterwegs waren, anders aus. Merke: Solange der letzte Schritt der Vereinheitlichung noch nicht getan ist, tut man gut daran, sich online bei der Provinz Friesland oder in der Watersport-App über den aktuellen Stand zu informieren.[9]

Immerhin beschert uns unser Vertrauen in die Richtigkeit der Almanak-Informationen einen netten ungeplanten Aufenthalt. Wir tuckern hinter einem anderen Boot aus Richtung Dokkum nach Birdaard und erreichen den Ort um kurz nach vier Uhr. Wir hoffen, später zwischen 18 und 19 Uhr

Hungrige und frierende "Zaun"gäste im Regen

die Durchfahrt durch Leeuwarden zu schaffen. Es öffnet sich die erste Brücke, und das Schiff vor uns fährt durch. Es gibt dort zwar etwas Gehampel an Bord, aber auch wir können kurz darauf passieren. Leider war es unseren Kollegen auf dem anderen Schiff nicht gelungen, das Brückengeld zu bezahlen. So werden sie freundlich gebeten, kurz anzulegen, damit der Brückenwärter, der für beide Brücken zuständig ist, kassieren kann. Der Wärter radelt danach zur zweiten Brücke, jedoch nur, um dort die Ampeln auf Doppel-Rot zu setzen. Es ist nämlich inzwischen schon 16.15 Uhr vorbei, und der Brückenwärter braucht jetzt unbedingt seine sicherlich verdiente, aber im Almanak nicht verzeichnete Pause. Ergebnis: Wir sind eine Stunde „gefangen", und ein Weiterfahren Richtung Leeuwarden macht für uns keinen Sinn mehr. Jetzt die Entwarnung: Inzwischen sind alle Brücken zwischen Lauwersmeer und Leeuwarden in der Saison durchgehend geöffnet, einige davon sogar via Selbstbedienung durch die Watersport-App, allerdings schließen die handbetriebenen eine Stunde eher als die automatischen.

---

[9] http://www.fryslan.frl/bedieningstijden

Nun hat es auch noch angefangen zu regnen, und wir richten uns auf einen gemütlichen Abend zwischen den Brücken und an Bord ein. Das einzige Restaurant am Ort ist geschlossen. Stöbern wir etwas im örtlichen Supermarkt, durchforsten unsere anderen Vorräte und folgen unserer bewährten Choreographie auf dem einen Quadratmeter Pantry.

Leckeres aus der Kombüse

Hühnercurry mit Suppengemüse

Hühnerbrust, Suppengemüse (Möhren, Kohlrabi, Porree, Sellerie, (auch TK-Ware möglich), TK-Erbsen, Zwiebel, Knoblauch, Ingwer, Kokosmilch, Gemüsebouillon, Weißwein, Öl, Curry, Salz, Zitronensaft, Chilipulver, Pfeffer

Gemüse in Würfel schneiden, Ingwer, Zwiebel und Knoblauch fein hacken.

Hühnerbrust in Würfel schneiden, in Öl kross anbraten, aus dem Topf nehmen und beiseite stellen. Im Bratenfett und eventuell zusätzlichem Öl Ingwer, Zwiebel und Knoblauch anbraten, mit reichlich Curry überstäuben, Gemüse unterrühren, Weißwein, Bouillon und Kokosmilch angießen und alles zugedeckt garen, bis das Gemüse die gewünschte Konsistenz hat. Erbsen hinzugeben, kurz aufkochen. Hühnerbrust unterrühren und mit erhitzen. Mit Salz, Pfeffer, Zitronensaft und Chilipulver abschmecken, eventuell mit Bouillon verlängern.

Dazu schmeckt Basmati-Reis.

Am nächsten Tag geht es wieder durch Leeuwarden – diesmal in umgekehrter Richtung – und auf den Van Harinxmakanaal Richtung Osten. Passiert man den Süden der Stadt an einem Wochenende, dann bietet sich ein nettes Schauspiel: Das Ufer ist besetzt mit jeder Menge Anglern, die ihre langen, schwarzen Angelruten bis weit in den Kanal hinein ausgefahren haben und auf Beute hoffen. Man sollte daher am besten nahe am Südufer fahren, um sich nicht mit der Schraube eine Angelleine einzufangen. Außerdem werden die Angler dann weniger von den Wellen nassgespritzt, die man bei den dort erlaubten 12,5 km/h hinter sich lässt. Apropos Angler: Immer wieder trifft man auf welche, die in einem kleinen Kahn sitzen und ihrem Hobby nachgehen. Wenn Sie beim Vorbeifahren vorübergehend Ihre Geschwindigkeit drosseln, damit das Anglerbötchen nicht heftig durchgeschaukelt wird, ist Ihnen ein freundliches Winken als Dank gewiss. Dasselbe empfiehlt sich auch auf der Höhe von Hausbooten, sonst könnte den ahnungslosen Bewohnern ihre *Friese Mosterdsoep* über den Tellerrand schwappen.

Warten

Am Ostende von Leeuwarden wenden wir uns nach Süden und biegen in den **Himpenser Wielen** ab.[10] Direkt hinter dem Aquaduct Langdeel[11] geht es nach backbord in das **Langdeel** Richtung **Warten (Wartena)**, eine landschaftlich schöne Strecke mit einem empfehlenswerten Marrekrite-Liegeplatz an einem Inselchen.[12]

Kurioses am Rande

Wir haben an einer kleinen Insel bei einem wunderschönen Sonnenuntergang festgemacht, lecker zu Abend gegessen und uns mit Lesen die Zeit vertrieben, bevor wir schließlich müde und zufrieden in die Koje gesunken sind. Mitten in der Nacht werden wir durch leises Gepolter und Geraschel an Deck geweckt. Rolf steigt mutig nach oben, Eva hinterher, und was sehen wir? Da hat jemand unseren zwar auf dem Oberdeck, aber immer noch innerhalb der Planenabdeckung abgestellten Müllbeutel geplündert! Der Plastiksack ist zerrissen, Essensreste und anderer Abfall liegen auf dem Deck verstreut herum. Zu sehen ist allerdings niemand mehr. Also sammeln wir den Kram wieder ein und verbringen ihn nach innen. Vermutlich hat der Geruch unseres Müllbeutels einen hungrigen und/oder neugierigen vierbeinigen Besucher angelockt, der anscheinend über die Festmachleinen balanciert ist, um an Bord zu gelangen. Morgens nach dem Ablegen sehen wir noch, dass der Räuber eine leere Mayonnaisentube an Land gerettet und zwanzig Meter weit weggeschleppt hat. Wir merken uns: Müll gehört nachts nicht nach draußen!

---

[10] Etwa bei N53°10.855' E5°51.365' (53.18092, 5.85608)
[11] N53°10.178' E5°51.127' (53.16964, 5.85211)
[12] N53°09.359' E5°52.240' (53.15599, 5.87067)

Westliche Zufahrt nach Warten

Die Einfahrt nach Warten ist wieder einmal von idyllischem Reiz. Das **Wartenser Wiid**, wie der Kanal inzwischen heißt, führt direkt ins Dorf und auf die Kirche zu. Links und rechts finden wir schon die ersten Liegeplätze, bevor wir hinter der Basculebrug mitten im Wohnzimmer Wartenas landen, vor einer herrlichen, sonnenbeschienenen Terrasse am Wasser. Sie gehört zum Restaurant *de Kok & de Walvis*[13]. Neben den abwechslungsreichen Mittags- und Abendkarten beeindruckt die riesige Auswahl an Biersorten.

Warten war um das Jahr 1000 ein Terpendorf und muss der Legende nach recht wohlhabend gewesen sein. Durch die erste Marcellusflut mit zigtausend Toten in ganz Friesland im Jahre 1219 und eine weitere Flutkatastrophe im Jahre 1230, die in Friesland auch als ‚Zweite Sintflut' bezeichnet wird, wurde Wartena – wie nahezu das gesamte friesische Gebiet – so in Mitleidenschaft gezogen, dass nur noch ein unbedeutendes Nest übrigblieb, das bis zu Beginn des 19. Jahrhunderts auf dem Landweg kaum zu erreichen war. 1865/66 wurden befestigte Wege nach Garijp und Warga angelegt, und erst 1953 wurde Wartena über eine Straße mit Grouw ver-

---

[13] Hoofdstraat 31; http://www.dekokendewalvis.nl

bunden. Kein Wunder also, dass das Wasser hier stets eine große Rolle spielte. Das ist noch heute so. Bestimmten früher Fischer und Bauern das Bild des Ortes, so sind es heute Werften, Charterunternehmen und Häfen für Freizeitskipper, die die Lebensgrundlage von Warten bilden.

Kurz hinter der Brücke an steuerbord öffnet sich die Zufahrt zum kleinen *Gemeindehafen*[14]. Er gehörte einst zu einer Werft, die im 18. Jahrhundert noch Frachtschiffe für den Verkehr mit den Ostseeländern gebaut hat. Die Werft beherbergt heute das Restaurant ‚t'Skuthus‘[15], das unter anderem mit seiner „prachtig terras aan het water" wirbt, wo man „een heerlijk kopje koffie, lunch of diner" genießen kann. Auch für Trauungen, Empfänge und andere Festlichkeiten ist man dort zu haben.

Nun geht es durch die Rogslootbrug weiter in den *Rogsloot (Rochsleat)*. Bei der Durchfahrtshöhe der Rogslootbrug herrscht bemerkenswerte Meinungsvielfalt: Der Almanak meint 4,35 Meter, in der Karte stehen 4,30 Meter, die Watersport-App weist sogar eine Höhe von 4,50 Metern an der breiteren Durchfahrt aus, und der schwarz-gelbe Pegel an der Brücke zeigte bei unserer letzten Duchfahrt 4,20 Meter. Wir klappen die Brücke deshalb lieber für uns per Fernbedienung wieder hoch. Danach sieht man schon die Einfahrt zum einzigen großen Jachthafen in Friesland, der keine kommerziellen Ziele verfolgt, sondern von der Stiftung ‚*Jachthaven Wartena*‘[16] betrieben wird. Hier bleibt kein Wunsch offen: Versorgung, Entsorgung, Sanitäreinrichtungen, Waschmaschine und Trockner, Spielplatz, Tankstelle, Gasflaschentausch, Fahrradverleih bis hin zum Einkaufsservice für Faule und Müde. Das alles gibt es zu zivilen Tarifen, z.B. Liegegebühr 1,50 Euro pro Meter und Nacht incl. Strom.

Oude Venen und Princenhof

Auf unserem Weg zum Naturpark *Oude Venen (Âlde Feanen)* kreuzen wir den Prinses Margrietkanaal (Vorsicht Berufsschifffahrt!) und erreichen den *Lange Sloot (Lange Sleatten)*, wo ebenfalls mit Berufsschiffen von und

---

[14] N53°08.996' E5°54.015' (53.14994, 5.90025)
[15] Hellingpaed 11; www.skuthus.nl
[16] http://www.jachthavenwartena.nl

nach Drachten gerechnet werden muss. Ab hier bewegen wir uns durch ein altes Moor- und Torfareal, das sich zu beiden Seiten des Lange Sloot und seiner Fortsetzung nach Süden erstreckt. Dieses etwa 2.300 Hektar große Gebiet ist heute Nationalpark mit einer bemerkenswert abwechslungsreichen Landschaft, mit Seen und Kanälen, kleinen Inseln, Buchten und ein-

Oude Venen bei Eernewoude

samen Liegeplätzen, aber auch mit Wiesen, an denen die Friesen ihrer *gezelligheid* frönen können. Nur ein kleiner Teil dieses spannenden Landstrichs ist mit größeren Motorbooten befahrbar, und große Wasserflächen sind von Oktober bis März aus Gründen des Vogelschutzes für Freizeitskipper gesperrt. Wenn Sie sich dennoch den Reiz nicht entgehen lassen wollen, achten Sie verstärkt auf die Wassertiefen. Falls Sie sich trotzdem einmal festfahren, dann stecken Sie in der Regel in weichem Untergrund und kommen mit etwas Kraft rückwärts wieder frei. Aber verlassen Sie sich besser nicht darauf! Verborgene Winkel sind mit Kanus oder *fluisterboten* (,Flüsterboote' mit Elektroantrieb) zu entdecken.

In der wasserreichen Moorlandschaft leben über 450 Pflanzenarten, mehr als 100 Vogelarten brüten hier. Weil ein Moor nun einmal besonders wasserreich daherkommt, kann man sich über einen Mangel an Mücken nicht beklagen. Damit Sie diese ‚gefühlten' Milliarden nicht wirklich am eigenen Körper fühlen, ist ein wirksamer Mückenschutz hier – wie auch im restlichen Friesland – ratsam.

Trotzdem, wir gehen nun auf Entdeckungsreise in diesem nahezu einmaligen Revier. Etwa 600 Meter südöstlich hinter der Kreuzung Prinses Margrietkanaal/Lange Sloot versteckt sich an steuerbord die Zufahrt zum **Saiterpetten**[17], einem ausgesprochen idyllischen Fleckchen. Schon der kleine Kanal **Neare Saiter** lässt das Skipperherz höher schlagen: Es geht

Einfahrt zum Saiterpetten

vorbei an einem prächtigen Wohnhaus am Wasser, einer malerischen Windmühle und weiter unter überhängenden Ästen hindurch, bis wir dort, wo es scheinbar nicht weiter geht, in den Saiterpetten einbiegen. Die Fahrrinne ist schmal, und wenn ein Schiff entgegen kommt, dann kann es schon einmal eng werden. Aber es wird klappen!

Unterwegs passieren wir ein merkwürdiges bogenförmiges Bau--werk, den *Zwaluwhaven* (Schwalbenhafen). Es ist ausschließlich übers Wasser erreichbar und erinnert an einen im 2. Weltkrieg abgeschossenen und bei Earnewoude abgestürzten englischen Lancaster-Bomber. Er war eine von 251 Maschinen, die im September 1942 nach Bremen geflogen wa-

---

[17] N53°08.363' E5°54.808' (53.13939, 5.91346)

Monument "Zwaluwhaven"

ren, um dort Flugzeugfabriken zu bombardieren. Das Denkmal steckt voller Symbolik: Es ist aus englischen Backsteinen gemauert, ist 32 Meter breit (das war die Spannweite des Bombers) und weist 251 Öffnungen auf, die den Uferschwalben heute als Nistplätze dienen. Schwalben kehren immer wieder an ihre alten Nistplätze zurück, ebenso wie Flugzeuge in ihren Fliegerhorst. Von den englischen 251 „Schwalben" kehrten allerdings 12 nicht zurück, so dass 12 der Öffnungen dauerhaft verschlossen sind. Eine davon steht für das abgeschossene Flugzeug.

Saiterpetten ist das Gewässer mit der größten Dichte an Marrekrite-Anlegern im gesamten Oude Venen. Allein am Südufer kann man mit unserem Schiff (Tiefgang 1,10 Meter) an mehr als einem Dutzend Stellen mit über 400 Metern Steg festmachen, und mit etwas weniger Tiefgang eröffnen sich nach Westen in Richtung Prinses Margrietkanaal weitere attraktive Möglichkeiten.

Wir verlassen Saiterpetten wieder durch die Neare Saiter, deren Eingang von dieser Seite nicht ganz leicht zu finden ist (eine grüne Bake weist uns den Weg), und fahren auf dem Lange Sloot Richtung Südosten weiter zum Hotel Restaurant Princenhof. Der Name *Princenhof*, der auch als Bezeichnung für das gesamte Gebiet benutzt wird, geht zurück auf das Haus Oranien, das hier früher eines seiner Jagdgebiete hatte. Die Umgebung rund um das Hotel hat sich als Zentrum von *Pleziervaarten* etabliert. Hier starten Rundfahrt- und Ausflugschiffe durch den Nationalpark, aber auch nach Sneek, Giethorn, Dokkum, Bolsward, Groningen und Lemmer. Man muss also Augen und Ohren offen halten, damit man diesen Schiffen nicht in die Quere kommt, wenn sie nach einen 3-Mal-Kurz-Tuten rückwärts ‚ausparken'. Das Hotel Princenhof gehört zur Gemeinde **Eernewoude (Earnewâld)**, einem äußerst beliebten Touristen- und Wassersportzentrum im Oude Venen. Biegt man vom Lange Sloot nach Osten ab nach **Het Wijd (It Wiid)**, erreicht man auf der Backbordseite zunächst den *Passanten-haven Earnewâld*[18] und 500 Meter weiter die Einfahrt zum *Jachthaven Westerdijk*[19], beide im oder nahe beim Ort selbst gelegen und ausgestattet mit allem, was man als Passant so braucht.

In der Vergangenheit hat in Eernewoude die Torfgewinnung eine große Rolle gespielt und dem Ort einen bescheidenen Wohlstand beschert. Als man gegen 1900 den Abbau einstellte, wurde das Dorf, das bis 1860 nur über den Wasserweg erreicht werden konnte, ein Fischer-, Schiffer- und Rietschneiderdorf, und es entstand für das ehemalige Abbaugebiet der Name *Oude Venen*, also Altes Moor. An die Schifferzeit erinnert heute das *Skutsjesmuseum*[20]. Altes Handwerk wie Schmiede und Segelmacherei, Exponate von Innenausstattung und vom Leben an Bord sowie drei Originalschiffe sind im Hafenbecken davor zu bestaunen.

Heute scheint Eernewoude alles nachholen zu wollen, was es in der Vergangenheit verpasst hat. An schönen Sommertagen und an Wochenenden geht hier richtig die Post ab. An Land bekommt man kaum einen Fuß an die Erde: Freie Parkplätze sind eine Seltenheit, Restaurants, Cafés, Eisdielen und Imbisse sind gelinde gesagt gut besucht, auf Terrassen am Wasser ist kein Platz mehr zu bekommen. Erst recht, was sich auf dem Wasser tut, ist sehenswert: Schwimmfahrzeuge aller Größe und Beschaffenheit tummeln sich dort. Da sieht man Yachten wie unsere daher gleiten, motorisierte Schlauchboote, die in kühnen Kurven um die Ecken schießen, offene Schaluppen mit riesigen holländischen Nationalfahnen am Heck und mit Familien oder anderen Gruppen besetzt, dazwischen auch mal ein Ruder- oder Tretboot oder ein Kanu. Da der Friese tierlieb ist, sind nicht selten Hunde mit von der Partie, die – natürlich mit einer Schwimmweste ausge-

---

[18] http://www.t-diel.nl/havenearnewald; N53°07.823' E5°56.498' (53.13038, 5.94164)

[19] http://www.jachthavenwesterdijk.nl; N53°08.007' E5°56.809' (53.13344, 5.94681);

[20] De Stripe 12, https://www.skutsjemuseum.nl/

stattet – mit flatternden Ohren im Bug sitzen und alles freudig anbellen, was sich ihnen anbietet. Ab und zu ist sogar ein Akkordeon an Bord, und dann wird aufs Heftigste gesungen. Dazwischen versuchen die großen Schiffe, die mit bunten und feingemachten Ausflüglern voll besetzt sind, sich ihren Weg zu bahnen, und Raddampfer – ebenfalls voll besetzt – verströmen einen Hauch von Mississippi.

Statt fliegender gibt es hier schwimmende Händler: Kleine Boote, mit Kühltruhen an Bord, bimmeln mit ihrer Schiffsglocke und kommen längsseits. Im Angebot: Speiseeis und Matjes (auf getrennten Schiffen!). Wir

Plezier-Katamaran im Oude Venen

können nicht widerstehen und langen beim Matjes zu, womit unser Abendessen gesichert ist.

Zum ‚Dinner' ziehen wir uns aus dem Trubel zurück und bewegen uns frühzeitig westlich durch die **Ule Krite** in Richtung **Folkertssloot (Folkertssleat)**, wo gegenüber der *Princehofmolen*[21] ein ruhiges Inselchen[22] liegt,

---

[21] N53°07.326' E5°54.655' (53.12210, 5.91091)

hinter dem man sich prima verstecken und in aller Ruhe den Abend und die Nacht verbringen kann, sofern man nicht zu spät kommt und alle Plätze besetzt sind.

Am nächsten Tag folgen wir dem *Folkertssloot* nach Westen und gelangen bei der Insel *Rengerspolle* an einen Abzweig[23]. Nach backbord geht es in den *Rengersgreft* mit über 1000 Metern Stegen und Wiesenplätzen der Marrekrite rund um die Insel. Hier findet man fast immer einen geeigneten, wenn auch nicht gerade einsamen Platz. Das neu angelegte Hafenbecken *Tryehus*[24] präsentierte sich bei unserem letzten Besuch 2024 noch

Friesisches Dolce Vita: Wir machen mit

etwas kahl und steril, aber es wird sicherlich demnächst großen Anklang finden; das ehemalige Restaurant Tryehus auf derselben Insel, das eine Reihe von Anlegemöglichkeiten bot, ist 2017 abgebrannt und wird wohl nicht wieder in alter Form aufgebaut.

---

[22] N53°07.199' E5°54.675' (53.11998, 5.91125)

[23] N53°07.022' E5°53.170' (53.11704, 5.88617)

[24] N53°06.953' E5°52.659' (53.11589, 5.87764)

Wir fahren zurück durch den Folkertssloot nach Osten und genießen noch ein wenig die Landschaft des Oude Venen. Ein sehr schönes Stückchen Kanal ist der **Rânsleat**, der gegenüber dem **Sânemar** nach steuerbord abbiegt[25]. Es geht vorbei an überhängenden Bäumen und dichtem Schilf, bis uns am Ende des Kanals ein weiterer Bilderbuch-Marrekrite-Platz[26] mit Bäumen und einer großen Wiesenfläche erwartet. Insbesondere solche Wiesen haben es den Friesen (und auch anderen Urlaubern) angetan. Hier trifft man sich an Wochenenden. Dann werden Stühle und Tische entklappt, Sonnenschirme aufgespannt, und man trägt Transportbehältnisse mit selbstgemachten Torten (Appelgebak?) und Thermoskannen voller Kaffee an Land und genießt das Leben. Da kann man durchaus schon einmal auf drei bis vier Generationen zuzüglich Hund stoßen. Aber keine Panik: Wir haben Holländer bisher immer als äußerst angenehme Nachbarn erlebt.

---

[25] N53°07.436' E5°55.533' (53.12394, 5.92555)
[26] N53°06.983' E5°56.062' (53.11639, 5.93436)

Von Riesen, Yoga und Kaffee

Adieu, geselliges und gleichzeitig doch idyllisches Oude Venen. Wir machen uns auf den Weg nach Akkrum. Von unserem letzten Liegeplatz am südlichen Rânsleat wenden wir uns nach Ost-Nord-Ost Richtung Krûsdobbe und biegen zwischen den grünen Tonnen 17 und 19 nach Süden in den **Hooidamsloot (Hedamsleat)** ab, dem wir bis zur Hooidambrug folgen. Vor der Brücke kann man an windstillen und sonnigen Tagen beiderseits des Kanals prima ein Ruhepäuschen einschieben und der Brücke bei ihrer Arbeit zusehen.

Hinter der Brücke geht es nach steuerbord ins **Grietmansrak (Grytmansrak)**, wo wir zunächst auf eine Fähre achten müssen, die De Veenhoop mit Hooidammen verbindet und Vorfahrt hat. Danach folgen wir der **Kromme Ee (Kromme Ie)** vorbei an saftigen Wiesen bis zu einer Abzweigung[1], wo wir uns entscheiden müssen: Wollen wir die eine schöne Strecke oder eine andere schöne Strecke fahren? Beide Wege haben ihren Reiz und münden schließlich auf dem Gewässer von **Sitebuurster Ee (Sitebourster Ie)** und **Peanster Ee (Peanster Ie)**.

Die südliche Route über den **Goengahuistersloot (Goaiingahûster Sleat)** führt durch zwei Schleusen (im Sommer offen) mit einer Breite von 4,50 Metern. Anfänger dürften etwas zucken, wenn sie mit ihrem Schiff vor der engen Öffnung liegen, aber es wird passen (gegebenenfalls Fender einziehen!). Dahinter erwartet Sie dafür eine ruhige, beschauliche Passage. An einer Verbreiterung mit dem nicht unbedingt einladenden Namen **Modderige Bol** können Sie an umso einladenderen Marrekrite-Anlegern[2] eine kleine Rast einlegen, vielleicht mit einem Imbiss:

---

[1] N53°05.670' E5°55.328' (53.09449, 5.92213)
[2] N53°05.235' E5°53.476' (53.08723, 5.89125), N53°05.150' E5°53.432' (53.08583, 5.89054), N53°05.147' E5°53.275' (53.08578, 5.88792)

Leckeres aus der Kombüse

Nudeln auf ligurische Art

Kartoffeln, grüne Bohnen und Bandnudeln zu gleichen Teilen, Salz, Pfeffer, Pesto Genovese (Glas), geriebener Käse (z.B. Parmesan)

Kartoffeln in kleine Würfel und Bohnen in 2-3 cm lange Stücke schneiden.

Kartoffeln in Salzwasser kochen, nach 10 Minuten Bohnen und Nudeln hinzugeben und mitkochen, bis die Nudeln „al dente" sind. Abschütten und eine Tasse Kochwasser übrig behalten.

Pesto mit etwas Kochwasser verdünnen und kräftig mit Salz und Pfeffer abschmecken. Nudeln und Gemüse vermengen, eventuell weiteres Kochwasser hinzufügen..

Auf Tellern servieren und mit Reibkäse bestreuen.

Bei der Weiterfahrt liegen an backbord zwei Poldermühlen in der Landschaft, und wenn Sie die Enge der zweiten Schleuse hinter sich gebracht haben, liegt – ebenfalls an backbord – zum Greifen nah eine weitere.

Die nördliche Route durch die **Kromme Ee** hat ihren Reiz in den vielen Kurven. Wie der Name schon vermuten lässt, zieht sich das Gewässer in Schlangenlinien bis zur Einmündung in die Sitebuurster Ee.

Egal welchen Weg Sie gewählt haben, Sie landen in einem wunderschönen Gebiet mit vielen attraktiven Anlegeplätzen in freier Natur. Kommen Sie aus der Krommen Ee, dann passieren Sie – jeweils in Ufernähe – vier MarBoeien, wie sie uns schon vom Heeger Meer bekannt sind: Zwei am Nordufer[3] und zwei am Südufer[4]. Zahlreiche schöne Liegeplätze weist das Westufer im Übergang zwischen Sitebuurster und Peanster Ee auf. Unser bevorzugter Rückzugsraum ist ein kleiner Steg an einer namenlosen Insel[5],

---

[3] Ungefähr bei N53°05.962' E5°53.275' (53.09937, 5.88791) und N53°05.932' E5°53.711' (53.09886, 5.89518)

[4] Ungefähr bei N53°05.714' E5°53.426' (53.09524, 5.89043)

[5] N53°05.580' E5°52.901' (53.09299,5.88169)

wo man nur mit einem einzigen Schiff anlanden und sich voll und ganz der Natur hingeben kann – an drei Seiten von Schilf umgeben und mit Blick auf eine Windmühle am anderen Ufer. Hier lassen sich bei einem Aperitif die schönsten Sonnenuntergänge über dem Wasser beobachten, an Wochenenden schwebt nach Einbruch der Dunkelheit schon einmal ein festlich beleuchtetes Pleziervaart-Schiff leise vorbei, und am Morgen kann es vorkommen, dass das eigene Schiff mit Spinnweben überzogen ist, an denen Tautropfen in der Sonne glitzern, während nur ein paar Meter entfernt ein Haubentaucher seinem Nachwuchs Unterricht im Fischfang gibt.

"Web-Design"

Auch sonst ist die Insel umgeben von wunderschönen Liegeplätzen, teils an Wiesen, teils an Stegen, eine Reihe davon in zwei hafenbeckenähnlichen Einschnitten[6]. Selbst wenn man von seinem Liegeplatz das gesamte Eiland auf einem umlaufenden Trampelpfad erwandern kann, so hat man doch meistens das Gefühl von Abgeschiedenheit und Ruhe.

Anfang der Zwanziger Jahre hat man damit begonnen, von der Sitebuurster Ee aus eine Ost-West-Passage (Suderbuurds Wiid) ins Pikmeer bei Grou zu erschließen[7]. Sie ist inzwischen fertig und mit Tonnen gekennzeichnet.

Genug geschwärmt, wir wollen weiter nach **Akkrum**. Dazu wenden wir uns nach West-Süd-West, bis wir am Ende der Peanster Ee auf eine querverlaufende Fahrrinne stoßen und an der roten Tonne TZ12 nach backbord abbiegen. Durch **De Greft, Douwe Tseardsrak, Burstumer Rak und Nesker Sylroede** erreichen wir nach etwa 3 Kilometern den Abzweig[8] in den Ort.

---

[6] N53°05.541' E5°52.842' (53.09234, 5.88071) und N53°05.501' E5°53.014' (53.09168, 5.88357)

[7] N53°05.511' E5°52.086' (53.09185,5.86810)

[8] N53°03.508' E5°51.055' (53.05846, 5.85092)

Nach steuerbord geht die Reise zunächst wieder über ein Aquaduct und endet für Schiffe mit einer Höhe von mehr als 3,50 Metern vorübergehend an einer Eisenbahnbrücke.

Auf diesem Stück begegnet uns auf einer Halbinsel an backbord die Skulptur der *Akkrumer Riesen* Kromme Knilles und Manke Meine[9]. Der Sage nach hoben die beiden um das Jahr 1400 herum mit Riesenschaufeln bei Akkrum einen Graben aus, um verschiedene Niederlassungen Frieslands miteinander zu verbinden und die Entwässerung zu verbessern. Als

Die Riesen von Akkrum

sie sich einmal umdrehten, um ihr Werk zu betrachten, stellte Manke Meine fest: „Ach, krumm …!". Bauern, die die Vorgänge auf der Baustelle neugierig beobachteten, fanden, das sei ein prima Name für ihr Dorf, und so entstand die Ortsbezeichnung Akkrum. Die beiden Riesen aber zerstritten sich. Was nämlich den Verlauf des Grabens anging, war der eine dem anderen zu pingelig und der andere dem einen zu großzügig. Also gruben

---

[9] N53°03.150' E5°50.489' (53.05249, 5.84148)

sie weiter, aber ein jeder in eine andere Richtung: Manke Meine buddelte nach Südwesten den schnurgeraden Meinesloot, Kromme Knilles schaufelte sich tendenziell in nordwestliche Richtung voran, mit vielen Bögen und Kurven über Irnsum bis nach Raerd. Da Raerd damals noch an der Middelzee lag, hatte Akkrum über diesen Wasserweg Zugang zur offenen See. Kromme Knilles' Werk trägt heute noch seinen Namen, ebenso ein Eetcafe in Akkrum mit einer reichhaltigen Speisekarte für Mittag und Abend.[10]

Akkrum

Wir passieren die Eisenbahnbrücke, die auf Abstand bedient wird und sich stündlich zweimal für ein paar Minuten öffnet (.18-.24 und .48-.54 h). Nach weiteren knapp 500 Metern biegen wir bei der Meineslootslootbrug nach backbord ab in den **Meinesloot**. Direkt dahinter finden wir an backbord die Passantenliegeplätze des *Jachthaven Tusken den Marren*[11] entlang des Kanals. Bei unserem Besuch konnten wir tagsüber sowohl Frischwasser als auch Landstrom gratis erhalten, und der Hafenmeister versorgte uns sogar noch mit einem Stadtplan mit den Sehenswürdigkeiten von Akkrum.

Wir machen uns zu Fuß auf den Weg und schlendern die Hauptstraße entlang. Abgesehen davon, dass es hier recht lebendig ist mit einer Reihe von interessanten Geschäftchen, Restaurants, Bistros und Kneipen, finden wir entlang der Straße wie aufgefädelt die vier Sehenswürdigkeiten des Ortes. Direkt am Ortseingang liegt inmitten eines liebevoll gepflegten Parks die *Coopersburg*, ein Gebäude, das man abschätzig als Reihenhausanlage bezeichnen könnte, hätte es nicht eine bemerkenswerte Geschichte. Die Anlage geht auf einen in Amerika reich gewordenen Akkrumer Bürger, Folkert Harmen Kuipers, zurück, der sich in den Vereinigten Staaten in Cooper umbenannt hatte. Bei einem Besuch in seiner alten Heimat bemerkte er die Armut dort und gründete eine Stiftung, die um 1900 die Coopersburg errichtete, um den Armen Unterkunft und Verpflegung zu gewähren. Heute befindet sich der Park in Gemeindebesitz, die Häuser gehören einer Wohnungsbaugesellschaft und werden an Alt und Jung

---

[10] Heechein 42; http://krommeknilles.nl
[11] http://www.drijfveer.nl; N53°02.969' E5°49.528' (53.04948, 5.82546)

Akkrum: Coopersburg

vermietet. Im Park hinter der Häuserreihe fanden der Stifter und seine Frau in einem Mausoleum ihre letzte Ruhe.

150 Meter weiter stoßen wir rechterhand auf ein kleines achteckiges Kuppelgebäude. Hier ist der Eingang in einen weiteren Park mit einem langgestreckten Bau namens *Welgelegen*. Auch hier handelt es sich um eine Stiftung, die 1924 durch testamentarische Verfügung von Suster van der Vegt ins Leben gerufen wurde, die das Anwesen geerbt hatte. Ziel war es, in den insgesamt zehn Wohnungen armen Witwen und alleinstehenden Damen ohne Kinder aus dem Bürgerstand ein ruhiges und sorgloses Leben zu gewähren. Im Gegensatz zur Coopersburg verfolgt man noch heute weitestgehend die Ziele der Stifterin, allerdings den Zeiten angepasst.

Ein kurzes Stück weiter die Hauptstraße entlang steht auf dem höchsten Punkt von Akkrum die *Terptsjerke*, ein Kirchenbau von 1759, in dem insbesondere die Orgel ein Blickfang ist. Für Segler vielleicht interessant: Die

Windfahne auf der Apsis stellt einen Meermann[12] dar, ein Hinweis auf Aeolos, den Gott der Winde in der griechischen Mythologie.

Fehlt als letzte Sehenswürdigkeit noch die neoklassizistische *Doopsgezinde Kerk* mit ihrer dorischen Fassade aus dem Jahre 1835. Seit 2007 wird das Gebäude als Kirche nicht mehr genutzt. Dafür gibt es seit Neuestem besinnliche Momente der anderen Art: Ein Yoga-Studio[13] ist eingezogen, und wo früher Kirchenbänke standen, werden nun unter der Orgel Matten und Kissen für meditative Stunden ausgebreitet.

Auf unserem Weg nach Joure folgen wir nun dem Meinesloot nach Südwesten und erreichen kurz darauf einige Nebengewässer des Sneeker Meers und eine betonnte Fahrrinne[14]. Hier biegen wir nach Südosten ab

Akkrum: Yoga unter der Orgel

und folgen den Tonnen über **Koude Maag (Kâlde Mage)** und **Terkaplesterpoelen (Terkaplester Puollen)** bis zur Brug Herenzijl. Hinter der Brücke – im **Zoutepoel (Sâltpoel)** – haben wir am gegenüberliegenden Ufer eine

---

[12] So etwas gibt es tatsächlich. Wie bei den Meerjungfrauen besteht auch hier der Unterkörper aus einem Fischschwanz.

[13] Buorren 1; http://www.yogayourday.nl

[14] Ungefähr bei N53°02.369' E5°47.894' (53.03949, 5.79823)

kleine, baumbestandene Insel[15] entdeckt, die rundherum mit Anlegern versehen ist und somit Schutz und einen ruhigen Aufenthalt bei allen Windrichtungen bietet. Direkt nebenan hat die Marrekrite kürzlich eine weitere exakt achteckige Insel mit 120 Metern Wiesen-Liegeplätzen neu angelegt, die allerdings mangels Bepflanzung noch einen recht kahlen Eindruck vermittelt. Südlich davon liegt der *Goingarijpsterpoelen (Goaiingarypster Puollen)*, der eine Fundgrube für Marrekrite-Fans ist. Wir mögen am liebsten ein Halbinselchen[16] kurz vor der Einfahrt zum *Noorder Oudeweg (Noarder Alde Wie)* oder schräg gegenüber ein Stückchen Wiese[17], von der man – liegt man mit dem Achterdeck nach Norden – eine schöne Aussicht auf viel Wasser hat. Hier durften wir einmal nachts ein besonders großartiges Naturschauspiel erleben: Der Wind wehte sehr stark, so dass wir unser Schiff mit vier Leinen festmachen und die Decksmöbel mit Gurten sichern mussten. Die Wellen auf dem Goingarijpsterpoelen trugen Schaumkronen, und die Gischt wurde vom Wind in die Luft gewirbelt. Der Sturm hatte den Himmel leergefegt, es war absolut sternenklar, und es herrschte Vollmond. Zu unserer großen Überraschung bildete sich mitten in der Nacht tatsächlich ein herrlicher Regenbogen, diesmal hervorgerufen durch das silberne und nahezu gleißende Mondlicht, das sich im Sprühnebel der Wasserteilchen brach. Die bunten Streifen vor dem nachtschwarzen Himmel: Faszinierend bis gespenstisch!

An einem ähnlichen Wiesenanlegeplatz haben wir jedoch auch schon einmal eine andere Erfahrung machen müssen.

Kurioses am Rande

Auf unserem allerersten Törn mit frisch erworbenem Führerschein liegen wir an einer Wiese. Das Anlegemanöver war halbwegs gelungen. Vorleine und Vorspring sind optimal festgemacht, nur mit der Achterleine ist Rolf nicht einverstanden. So geht er von Bord und löst den Knoten am Schiff, um das Heck näher ans Ufer ziehen zu können. Leider kommt der Wind von der Landseite und treibt das Heck weg vom Anlegeplatz. Rolf versucht nun, das Schiff mit der

---

[15] N53°01.782' E5°46.339' (53.02969, 5.77231)
[16] N53°00.461' E5°45.436' (53.00769, 5.75726)
[17] N53°00.338' E5°45.331' (53.00563, 5.75552)

Hand wieder ans Ufer zu ziehen, aber der Wind ist stärker und unbarmherzig. Es dauert nicht lange und der frischgebackene Skipper wird lang und länger, bis er nur noch mit Zehenspitzen an Land und Fingerspitzen am Schiff Halt hat und kurz darauf mit einem lauten Platsch bäuchlings im bräunlichen Nass verschwindet. Schwimmend und prustend taucht er wieder an der Oberfläche auf. Als er aufrecht im Wasser strampeln will, um die Lage zu peilen, steht er plötzlich knöcheltief im modrigen Schlamm und schaut verdutzt mit Kopf und Schultern aus dem Reiche Neptuns.

Zweierlei haben wir daraus gelernt. Erstens: Versuche nie, ein Schiff ausschließlich mit der Hand zu halten. Es ist stärker als Du. Zweitens: Den Menschen, die Angst davor haben, mit dem Schiff zu versinken, sei zum Trost gesagt, dass die Wassertiefen in weiten Teilen Frieslands so gering sind, dass beim Sinken nicht einmal das Deck unter Wasser geraten würde.

Am südlichen Ende des **Noorder Oudeweg** befindet sich am Westufer eine Marrekrite-Anlage mit Hafenbecken und einer Reihe von Liegeplätzen[18] hinter einer kleinen Insel. Achten Sie auf die Wassertiefe im Becken! Wir haben uns mit 1,10 Metern Tiefgang nicht hineingetraut, weil es dort laut Karte weniger als 1 Meter tief ist (an der Fahrwasserseite der Insel deutlich tiefer). Außerdem verliert diese an sich schöne Anlage ihren Reiz durch die Autobahn, die gut hörbar 600 Meter südwestlich daran vorbeiführt.

Joure

Am gegenüberliegenden Ufer liegt die Zufahrt nach *Joure*. Durch die meist offenstehende Joustersluis und die **Jouster Zylroede** führt uns unsere Fahrt in den Ort, wo wir stilgerecht von einer Windmühle an steuerbord empfangen werden. Es ist die *Groene Molen*, gebaut um das Jahr 1800 als Poldermühle. Von hier bis zur Tolhuisbrug gibt es auf beiden Seiten viele hübsche, wenn auch kostenpflichtige Liegeplätze entlang der Dorfkade. Wer nicht von vorbeifahrenden Booten durchgeschaukelt werden möchte, kann stattdessen den Passantenhafen[19] ansteuern, wo er die üblichen Einrichtungen wie Strom, Trinkwasser, Toiletten, Duschen und anderes

---

[18] N52°58.766' E5°45.733' (52.97944, 5.76222)
[19] N52°58.330' E5°47.354' (52.97216, 5.78923)

mehr vorfindet. Direkt gegenüber der Einfahrt bietet *De Oranjerie*[20] hungrigen Skippern Lunch und Dinner, sei es im Grand Café, auf der Terrasse am Passantenhafen oder sogar unter Palmen in einer Art Treibhaus. Schon lange vor dem Bau der ursprünglichen Orangerie im Jahre 1891 hatte der Platz bereits kulinarische Geschichte geschrieben: Wir befinden uns sozusagen auf historischem Kartoffelacker, wo 1736 Philip Frederik Vegelin van Claerbergen die *aardappelen* in Friesland eingeführt hatte, die allerdings zur damaligen Zeit als Zierpflanzen galten.

Joure: Groene Molen

Joure wird erstmals in einer Urkunde aus dem Jahr 1466 erwähnt, als dem Ort das Recht auf einen Wochenmarkt zugesprochen wird. 1482 kam das Recht für einen Jahrmarkt hinzu, der *Jouster Merke*, der noch immer am vierten Donnerstag im September stattfindet. Vom früheren Viehmarkt, dem Hauptbestandteil dieses Marktes, ist heute nur eine Pferdeversteigerung am Ortsrand übrig geblieben. Stattdessen ist der Ort am Markttag voll mit zahlreichen Ständen.

Schiffe, Uhren, Möbel, Schmuck: Joure ist früher immer ein Ort für Gewerbebetriebe gewesen. Im 19. Jahrhundert war hier der Schwerpunkt der friesischen Uhrenindustrie, wo die berühmten Jouster *Stoeltjesklokken* und friesischen *Staartklokken* (beides typische Wanduhren) sowie Barometer hergestellt wurden. Zwei Betriebe halten diese alte Handwerkstradition

---

[20] Grienedyk 6; http://www.oranjeriejoure.nl

Joure: Midstraat

noch aufrecht: Die *Uurwerkmakerij Jac. ten Hove*[21] und die *De Jouster Klokkenmakerij*[22].

Bereits 1753 wurde Joure zur Kaffeestadt, als Egbert Douwes, der Vater von Douwe Egberts, ein Kolonialwarengeschäft an der Midstraat eröffnete, aus dem der weltbekannte und international tätige Kaffeekonzern *Jacobs Douwe Egberts*[23] hervorging. Marken wie Jacobs, Caffé Hag, Senseo und Tassimo prägen heute unser Bild des Unternehmens mit Sitz in Amsterdam.

Penninga's Molen in der Nähe der Tolhuisbrug hat, wie einige andere Mühlen in Friesland, eine lange Reise hinter sich. Sie wurde 1692 in Westzaan in der Provinz Noord-Holland gebaut. Als sie dort nicht mehr benötigt

---

[21] Midstraat 37; http://www.jactenhoeve.nl

[22] Douwe Egbertsplein 8; www.jousterklokkenmakerij.nl

[23] https://www.jacobsdouweegberts.com

wurde, hat man sie zerlegt und 1900 per Segelschiff in Einzelteilen über die Zuiderzee verfrachtet und in Joure wieder zusammengesetzt. Den heutigen pittoresken Zustand verdankt sie den Rettungsaktionen einer Stiftung, die das verfallene Bauwerk 2007 restauriert hat.

Lohnend ist ein Bummel über die Midstraat, eine Einkaufsstraße mit besonderem Flair. Hier vermischen sich zahlreiche historische Giebel mit moderner Architektur zu einem harmonischen Stadtbild, das zudem von einer Vielzahl interessanter Geschäfte geprägt ist. Von nahezu jedem Punkt der Straße fällt der Blick auf den Turm der *Hervormde Kerk* aus dem Jahre 1628. Hier wurde in einem Gerichtszimmer im 1. Stock bis 1698 Recht gesprochen, und praktischerweise gab es im Turm noch drei Gefängniszellen. Zu ihrem zweihundertjährigen Jubiläum spendierte die Firma Douwe Egberts dem Ort ein Glockenspiel mit 37 Glocken, das nun vom *Jouster toer* hinunter regelmäßig durch die Midstraat ertönt.

Wer sich für alte Handwerkskunst interessiert, für den ist der Besuch des *Museum Joure*[24] ein Muss. Zusätzlich zu den normalen Öffnungszeiten zeigen Drucker, Kaffeeröster, Uhrmacher, Silberschmiede, Kupferschläger und Teepacker an jedem Donnerstagnachmittag im Juli und August ihr Können. Auch Ausstellungen zu Themen wie Kaffee, Tee und Uhren sowie über zeitgenössische Kunst sind einen Besuch wert. Last but not least hat man es sich nicht nehmen lassen, das Geburtshaus von Egbert Douwes an seinem ursprünglichen Standort in Idskenhuizen zu zerlegen und acht Kilometer weiter in Joure wieder aufzubauen, wo es nun als eines der zehn Museumsgebäude besucht werden kann.

Kulinarisch ist Joure von ‚Fein‘ bis ‚Einfach‘ bestens ausgestattet. Fein geht es zum Beispiel im *Brasserie-Restaurant De Jouster Toer*[25] zu. Grundkenntnisse in niederländischen Zahlen sind nützlich, denn die Preise werden auf der Karte nicht mit Ziffern, sondern mit Worten angegeben. So kostet z.B. das vegetarische Gericht „Drie en twintig euro vijfenzeventig" (also 23,75 €). Preislich etwas zurückhaltender und trotzdem appetitanregend präsentiert sich die Menukarte von *De Jongens van Joure*[26]. Das

---

[24] Geelgietersstraat 1-11; http://www.museumjoure.nl/
[25] Midstraat 54; http://www.dejoustertoer.nl
[26] De Merk 13; https://www.dejongensvanjoure.nl

Grand Cafe, Bar & Restaurant het Tolhuis[27] steht seit 2019 unter Leitung eines jungen Gastronomen, der aus der einst urigen Kneipe eine schicke Location gemacht hat und dort zusätzlich zur ansprechenden Karte preiswerte Tagesgerichte anbietet. Wer das Feine und das Holländische leid ist: Das Restaurant *Die Gaststube*[28] gibt sich ganz und gar deutsch. Dirndl-Mädel servieren in rustikalem Holz-Ambiente Schnitzel in unzähligen Variationen und Fischstäbchen für die Kleinen. Etwas aus dem Rahmen fallen da das Griechische Schnitzel und die Gyrosplatte. Entlang der Midstraat findet man natürlich auch italienische, indische und chinesische Küche.

Friese Ballonfeesten in Joure

Ein Event besonderer Art sind die *Friese Ballonfeesten*, bei denen seit 1986 alle Jahre im Juli in Joure eine Unzahl an Heißluftballons an den Start

---

[27] Appelwijk 11; http://www.tolhuisjoure.nl
[28] Midstraat 53; http://www.diegaststube.nl

geht. Känguru, Biene Maja, Eishörnchen, Russische Puppe, Auto, Kaffeedose, Schlumpf – das ist nur eine Auswahl der Formen, die neben den klassischen runden Ballons in die Luft steigen. Das Ganze ist ein grandioses Spektakel und Volksfest mit abendlichem Nachtglühen der Ballons, zu dem jährlich über 20.000 Besucher erwartet werden.

Über das Tjeukemeer nach Lemmer

Unser nächstes Ziel ist das Tjeukemeer (Tsjûkemar). Hierzu verlassen wir Joure zurück über die Zijlroede und wenden uns nach backbord Richtung *Langweerderwielen (Langwarder Wielen)*. Die Brücke Noorder Oudeweg (Noarder Alde Wie) lässt sich wieder mit der Watersport-App fernbedienen. Auf dem nun folgenden relativ kleinen See kommt man sich zunächst etwas verlassen vor, denn es sind weit und breit keine Tonnen zu sehen. Unser Tipp: Gehen Sie ab der Brücke auf Kurs 227° und steuern Sie die am Horizont sichtbare Windmühle *Langwerder Molen* oder den spitzen Langweerder Kirchturm an, bis Sie auf eine quer verlaufende betonnte Fahrrinne stoßen. Nach steuerbord geht es - vorbei an zwei MarBoeien der Marrekrite[1]- zur Zufahrt des kleinen Verbindungskanals *De Kaai*[2] mit einem rund 400 Meter langen Wiesenstreifen für einen gemütlichen Aufenthalt – eines unserer bevorzugten Rückzugs-gebiete.

Wir aber fahren dieses Mal nicht dorthin, sondern biegen zwischen den Tonnen LV18 (rot) und LV13 (grün) nach backbord in den *Scharster Rijn (Skarster Rien)* ein und passieren in Richtung Boornszwaag (Boarnsweach) den *Jachthaven de Woudfennen*[3] (Vorsicht: zwei kleine Fähren!). Vorbei an *Scharsterbrug (Skarsterbrêge)* (Fernbedienung per Watersport-App) mit seiner bildschönen und immer noch als Poldermühle funktionierenden *Skarrenmolen* aus dem Jahre 1888 führt uns der Kanal nach Süden zum *Tjeukemeer (Tsjûkemar)*.

Über die letzte Brücke vor dem Tjeukemeer führt die viel befahrene Autobahn A6. Entsprechend sind die Öffnungszeiten auf zwei 5-Minuten-Slots pro Stunde beschränkt, nämlich .10-.15 und .40-.45 h.

---

[1] Ungefähr bei N52°58.277' E5°43.437' (52.97128,5.72395) und N52°58.313' E5°43.364' (52.97189,5.72273)

[2] N52°58.322' E5°43.109' (52.97203, 5.71849)

[3] N52°57.661' E5°44.641' (52.96102, 5.74402)

Tjeukemeer

Mit 22 km² Wasserfläche ist es das größte der Friese Meeren. Zur Entstehung des Namens gibt es zwei Geschichten:

Erste Version: Zwei Bäuerinnen kamen vom Melken, als sie einen Brand entdeckten. Die eine, die keinen Eimer trug, meinte, man müsse doch die Milch zum Löschen benutzen.

Die andere dagegen widersetzte sich aufs Heftigste und wollte nichts davon wissen. Daraufhin wurde sie von ihrer Mitbäurerin als *Tsjûke* tituliert, was so viel wie ‚Hündin‘ heißt. Dieses Schimpfwort ist seitdem mit der Gegend verbunden und gab dem Gewässer den Namen *Tsjûkemar*.

Zweite Version: Zwei Schwestern mit den Namen *Tsjûke* und *March* waren zusammen, als ein Brand ausbrach. Im dichten Rauch verloren sie sich aus den Augen. Um sich wieder zu finden, riefen sie einander ‚*Tsjûke, March, Tsjûke,*

Echten: Tsûke und March

March, Tsjûke, March...‘. Man sagt, dass die Stimmen noch lange in dem Gebiet zu hören waren, und so soll das *Tsjûkemar* seinen Namen bekommen haben.

Auch wenn keine der Versionen stimmen sollte: Das Dorf Echten (Ychten) am Südufer des Tjeukemeers hat den Mädchen *Tsjûke* und *March* ein Denkmal gesetzt.

Aber vergessen wir diese Dramen und die Damen und machen vor dem Meer noch eine Pause am **Sandrak**[4], wo wir schon einmal einen ersten Blick auf das erhaschen können, was uns nun erwartet.

Das Tjeukemeer wird nicht nur von gemächlichen Segel- und Motorbooten besucht, man gibt dort auch gehörig Gas. Große Flächen sind mit gelben Tonnen für Wasserski und schnellfahrende Boote abgetrennt. Trotzdem bleibt genügend Platz für uns. Abgesehen von Untiefen südlich der südlichen Fahrrinne sowie im Osten und Nordosten weist der See nahezu überall eine Wassertiefe von mindestens 1,20 Metern auf, in den Fahrrinnen sogar mehr. Aber Vorsicht! Auf dem Tjeukemeer können sich bei entsprechenden Windrichtungen üble Wellen aufbauen. Wir wollten bei etwas stärkerem Nordwind einmal die südliche Fahrrinne Richtung **Echtenerbrug (Ychtenbrêge)** befahren. Die Wellen kamen von backbord querab, und das Schiff schlingerte so stark, dass im Inneren Geschirr und Gläser in den Schränken durcheinandergekegelt wurden. Die Wellen waren etwa einen halben Meter hoch (gefühlt höher), und die bewährte Methode, sie im Winkel zu nehmen, wurde durch die Betonnung stark eingeschränkt. Aus dem Tonnenstrich trauten wir uns aber auch nicht hinaus, weil außerhalb die Gefahr bestand, bei den geringen Wassertiefen in einem Wellental auf Grund zu knallen – besonders übel, wenn es die Schiffsschraube trifft. Wir sind dann nach einem äußerst bewegten Wendemanöver umgekehrt.

In Grundsatz macht es Spaß, bei schönem Wetter auf dem Tjeukemeer herumzufahren. Mit dem Übernachten ist es jedoch schon so eine Sache. Da gibt es zum einen jede Menge Marrekrite-Liegeplätze an einer kleinen namenlosen Insel im Westen[5] mit Wassertiefen um 1 Meter (für uns zu flach) und direkt an der Autobahn A6. Letzteres verspricht keinen ruhigen Abend.

Dasselbe gilt für zwei MarBoeien und einen Steg westlich der Autobahn hinter der Follegaslootbrug.

Etwas geräuschärmer präsentieren sich die beiden künstlich angelegten Inseln *Tsjûkepôlle*[6] und *Marchjepôlle*[7], benannt nach den beiden Schwes-

---

[4] N52°54.805' E5°47.494' (52.91342, 5.79157)
[5] N52°54.034' E5°46.521' (52.90057, 5.77535)
[6] N52°53.942' E5°48.217' (52.89903, 5.80362)

tern aus der zweiten Version der Namenslegende. Beide haben zahlreiche Liegeplätze an Stegen und Wiesen, gegen Wellen sind die Inseln durch vorgebaute Steinwälle geschützt. Das Inselinnere wird von Schiffsmannschaften gerne genutzt, um sich auf mehr als nur ein paar Quadratmetern Deck sportlich auszutoben. Auf Marchjepôlle gibt es sogar einen kinderfreundlichen Strand mit feinem weißem Sand. Wer sich dem quirligen Inselleben allerdings entziehen möchte, kann an beiden Inseln an soge-

Sonnenuntergang auf dem Tjeukemeer

nannten ‚tuigsteigers'[8] ohne Landverbindung festmachen. Die Inseln üben auf Freizeitskipper einen besonderen Reiz aus. Die Atmosphäre der großen Wasserfläche ist faszinierend, und nirgends haben wir romantischere Sonnenuntergänge beobachten können als von einem der Eilande. Man kann

---

[7] N52°53.081' E5°46.822' (52.88468, 5.78036)

[8] Ein ‚tuigsteiger' besteht aus einer Reihe von in den Grund gerammten Pfählen, die durch eine (oder mehrere) lange waagerechte Planke(n) miteinander verbunden sind. An den oben herausragenden Pfählen kann man festmachen.

sich deshalb vorstellen, dass dort in der Hochsaison und an schönen Wochenenden starker Betrieb herrscht und man trotz der vielen Liegeplätze immer wieder Schiffe sieht, die im Päckchen liegen. Dann kann es trubelig zugehen wie auf einem Volksfest, und die Verkehrsverhältnisse ähneln denen eines Supermarktparkplatzes während der Rushhour. Einsamkeit geht anders. Wenn man die sucht, sollte man die Inseln antizyklisch anfahren, also dann kommen, wenn die anderen weg sind und umgekehrt. Dann ist es richtig schön.

Als uns das das letzte Mal gelungen war, haben wir nach einem imposanten Sonnenuntergang wieder einmal die Kochlöffel geschwungen.

Leckeres aus der Kombüse

Linseneintopf

Möhren, Sellerie, Porree und Linsen zu gleichen Teilen, Dosentomaten (Stücke in Saft), Petersilie, Lorbeerblatt, Thymian, Zwiebel, Knoblauch, Chilischote, trockener Rotwein, Essig, Bouillon, Öl, Salz, Pfeffer

Möhren, Sellerie, Porree und Zwiebel in Würfel schneiden, Knoblauch, Chilischote und Petersilie fein hacken. Linsen abwaschen.

Zwiebel, Knoblauch und Chilischote in Olivenöl anschwitzen, dann restliches Gemüse, Linsen, Lorbeerblatt und Thymian hinzufügen, umrühren.

Mit Rotwein ablöschen, Wein etwas einkochen lassen. Tomaten hinzugeben und so viel Bouillon angießen, dass hinterher je nach Geschmack aus allem entweder eine Suppe oder ein fester Eintopf wird. Aufkochen und bei kleiner bis mittlerer Hitze köcheln lassen, bis die Linsen gar sind.

Mit Pfeffer, Salz und Essig abschmecken und die Petersilie unterrühren.

Tipp für Nicht-Vegetarier:

Sie können diese Suppe mit beliebigen Wurstsorten anreichern, z.B. Chorizo (schmeckt toll, wenn man die Würfel vorher anbrät), Cabanossi, Fleischwurst oder auch die niederländische *Rookworst* (Rauchwurst)

Wir verlassen das Tjeukemeer durch die Follegabrug (Fernbedienung per Watersport-App) und folgen dem **Follegasloot (Follegeasleat)** bis zum

Prinses Margrietkanaal. Dort biegen wir an der Tonne PM27-FO2 nach backbord auf den *Groote Brekken* ab (Vorsicht, Berufsschifffahrt!), dem wir bis zum Ende der Betonnung folgen. An der grün-roten Tonne PM3A geht es dann nochmals nach backbord und zurück zu unserem Ausgangspunkt Lemmer.

Lemmer

Für einen Bummel in *Lemmer* hatten wir uns vor unserer Abfahrt leider zu wenig Zeit genommen, aber man sollte sich dieses Wassersportzentrum ruhig ausführlich ansehen. Um einen Liegeplatz brauchen wir uns nicht zu kümmern, denn unser Vercharterer hat einen für uns reserviert. Trotzdem ein paar Worte zu diesem Thema: Von Westen kommend erwarten uns auf der Backbordseite der *Zijlroede* noch vor der Zijlroedebrug eine Reihe von Liegeplätzen gegenüber dem *Gemeentehaven*. Auch zwischen Zijlroede-brug und Flevobrug lässt sich gut beidseits an der Kade festmachen, wenn man sich nicht an gelegentlichem Autoverkehr stört. Was sich dann hinter der Flevobrug und vor der Oudesluisbrug auftut, ist der Catwalk von Lem-mer. Da liegen die Poseidons und White Ladies dieser Welt aus Hamburg und Frankfurt und drängen sich auf engstem Raum.

An Land gilt es, beim Flanieren ‚bella figura' zu zeigen und den letzten Schrei der Sportmode zu präsentieren. Als Tüpfelchen auf dem i dröhnt ein Dutzend Easy Rider mit schwarzen Lederrüstungen und Integralhelmen auf ihren Harley Davidson durch den Ort, nur kurzzeitig von einer sich öffnen-den Brücke gestoppt.

Einige Schiffe, die keinen Platz mehr fanden, liegen im Schleusenbecken zwischen der Oudesluisbrug und der Lemstersluis und teilen sich dort den Platz mit Plattbodenschiffen, die im Zehnerrudel die Südseite des Beckens okkupiert haben. Deren professionelle Skipper wären mit ihren wallenden Mähnen eine Zierde für jeden Piratenfilm. Die Freizeit-Mann(!)schaften, Teil demonstrativer Traditionspflege, blicken stolz und trutzig umher, konnten sie doch gerade erst auf dem Ijsselmeer Starkwind und Wellen niederringen (lassen).

Zum Thema Plattbodenschiff-Mannschaften:

Kurioses am Rande

Plattbodenschiffe der ‚Braunen Flotte' sind Ausdruck friesischer Seefahrer-tradition. Stolz gleiten sie über die Seenplatten dahin, meistens gechartert von Gruppen, die sich ohne eigene Segelkenntnisse unter Leitung einer erfahrenen Crew dem Gefühl von Freiheit und Weite hingeben möchten. Interessant ist es, sich einige dieser Wasserbegeisterten einmal näher anzusehen. Hier zwei Schiffsbesatzungen, die uns aufgefallen sind:

*Da waren zum einen die **gesetzten Herren**, die nahezu geschlossen nach dem Festmachen ihres Schiffs gemäßigten Schrittes von Bord gingen und sich der Betrachtung der Natur hinzugeben schienen. Sie bewegten sich vom Schiff weg, suchten Abstand voneinander und formierten sich in einiger Entfernung zu einer lockeren Reihe mit dem Rücken zum Anlegeplatz. In andächtiger Haltung senkten sie die Häupter und verschränkten die Hände vor dem Körper, gerade als ob sie nun kollektiv in ein Gebet versunken wären. Wenn da nicht dieses verräterische Plätschern gewesen wäre. Nun – das Bier, das an Bord wohl reich-lich geflossen war, suchte seinen Weg nach draußen und düngte jetzt rein biolo-gisch die Wiese. Nach Ende des ‚Gebets' ging es wieder munter plaudernd an Bord.*

*In ähnlich sakraler Haltung fanden wir einmal eine Gruppe **jüngerer Männer** vor. Sie standen allerdings nicht starr ausgerichtet, sondern schritten geneigten Hauptes jeder für sich bedächtig über die Wiese, sich mal in die eine, mal in die andere Richtung drehend. In der Hand hielten sie etwas, was man angesichts ihrer andächtigen Pose für ein religiöses Brevier halten konnte, und so machten sie den Eindruck von Mönchen, die tief in sich versunken im Klosterhof schwei-gend ihren Studien nachgingen. Beim genauen Hinsehen entpuppte sich das Brevier allerdings als profanes Smartphone. Unsere Vermutung: Die Jungs waren auf einer Incentive-Reise, schafften aber nicht einmal hier, für ein paar Tage loszulassen. So nutzten sie die Segelpause, um schnell ihre Mails zu checken, die Welt zu retten, die Börsenkurse zu studieren und zu prüfen, ob sie in den sozialen Schwätzwerken seit dem letzten Anlegen schon vermisst werden.*

In diesem ganzen Trubel suchen mehr oder minder verschüchterte Frei-zeitskipper mit ihren Charterbooten einen Weg durch das Gewühl, und ‚normale' zu-Fuß-Touristen betrachten teils mit offenem Mund, teils mit Ringen um Verständnis die Szenerie. Wer noch einen Platz auf einer der Restaurant-Terrassen entlang des Kanals und des Schleusenbeckens ergat-tern konnte, der genießt bei einem *kopje koffie* neugierig und sensationslüstern das Spektakel und wird sicherlich Gelegenheit finden, die Fahrkünste des einen oder anderen Freizeitkapitäns kritisch zu kommentieren.

Wohlgemerkt: Hier handelt es sich nicht um eine Zusammenfassung von Beobachtungen aus 20 Jahren, sondern alles Beschriebene war gleichzeitig an einem einzigen sonnigen Sonntagnachmittag Anfang Oktober zu bestaunen.

Lemmer: Treffen von Schiffsgenerationen

Keine Sorge, das ist nicht jederzeit so! Eigentlich ist Lemmer ein sehr hübscher, freundlicher Ort, auch wenn er es in der Vergangenheit nicht immer leicht hatte. Man vermutet, dass sich schon im 13. Jahrhundert hier Menschen niedergelassen hatten; um diese Zeit muss nach alten Dokumenten bereits eine Kirche existiert haben. Im 15. und 16. Jahrhundert wurden verschiedene Versuche gestartet, den Ort zu befestigen, aber immer wieder wurde er kurz darauf von neuen Herrschern besetzt, die die Anlagen zerstörten. Seine Blütezeit erlebte Lemmer im 18. Jahrhundert.

Hiervon zeugen noch zahlreiche Giebel aus der Zeit längs der Lange Streek und Korte Streek am Hauptkanal und an der Straße, die über die Oudesluisbrug führt. Hier liegt zum Beispiel die *Herberg De Wildemann*[9], ein Gebäude aus dem Jahre 1773, das zu den Rijksmonumenten in Lemmer zählt.

Grund für den Wohlstand war vorrangig der Hafen mit seiner guten Lage und die Tatsache, dass der benachbarte Hafen in *Kuinre* versandete. Haupteinkommensquellen waren die bereits 1585 bestehenden Fährverbindungen über die Zuiderzee nach Holland und natürlich der Fischfang.

Dieser erhielt noch einen besonderen Aufschwung durch die Entwicklung der *Lemsteraak*, einem sehr schnellen Plattbodenschiff, das die Fänge der Heringsfischer auf der Zuiderzee aufnahm und rasch und frisch an Land und auf den Markt brachte. Die erste Lemsteraak lief 1876 bei der Werft De Boer in Lemmer vom Stapel. Noch heute werden diese Schiffe gebaut, allerdings mehr zur Verwendung als Jacht. Die prominenteste dürfte *De Groene Draeck* von Beatrix sein, der ehemaligen Königin der Niederlande.

Der Bau des Abschlussdeichs war nicht gerade förderlich für die Fischereiwirtschaft in Lemmer. Stattdessen tat sich eine neue Einkommensquelle auf: Der Wassertourismus. Er bestimmt auch Anfang des 21. Jahrhunderts eindeutig die Geschicke des Ortes, und man lebt nicht schlecht davon. Zudem hat der Ort einiges an Sehenswürdigkeiten zu bieten.

Das *Woudagemaal*[10] ist ein Pumpwerk, das nach seinem Konstrukteur Dirk Frederik Wouda benannt ist. Es wurde 1920 in Betrieb genommen und ist das einzige noch arbeitende Dampfschöpfwerk der Welt. Mit seinen vier Dampfmaschinen, acht Pumpen und vier Fluttoren regulierte es bis 1966 alleine den Wasserstand in Friesland. Seit das Schöpfwerk bei Stavoren gebaut wurde, ist sein Einsatz auf Hochwasserzeiten beschränkt. Seit 1998 gehört es zum Weltkulturerbe der UNESCO. Zweimal im Jahr wird außerplanmäßig Dampf gemacht, wenn die Anlage zu Test- und Übungszwecken für das Personal in Betrieb gesetzt wird. Besucher sind dann bei *Woudagemaal onder STOOM!* willkommen. Von Februar bis Dezember wartet das Besucherzentrum täglich (außer Montag) auf Sie.

---

[9] Schulpen 6
[10] http://www.woudagemaal.nl; N52°50.776' E5°40.811' (52.84626, 5.68018)

Sehenswert ist auch der *Leuchtturm (Vuurtoren)*[11] *von Lemmer*. Die offene Stahlkonstruktion von 1910 wurde zwar 1968 abgerissen, aber 1994 wurde ein Nachbau errichtet, als der in Lemmer geborene Regisseur Pieter Verhoeff eine Fernsehserie drehte, in der er seine Jugenderinnerungen rund um den Leuchtturm in Szene setzte.

Die *Lemstersluis* wurde 1884-1887 als Seeschleuse gebaut, als das Ijsselmeer noch Zuiderzee hieß. Sie verlor an Bedeutung mit dem Bau des Abschlussdeichs und ist heute vorrangig für Freizeitskipper als Tor zum

Lemstersluis: Wahrzeichen Lemmers

Ijsselmeer interessant. Auffällig die beiden netten Türmchen rechts und links der Schleuse: Eines davon war die Schleusenknechtswohnung, das andere ist ein kleines Pegelhaus, in dem immer noch der Wasserstand des Ijsselmeers gemessen wird.

Als Wassersportzentrum bietet Lemmer beste Versorgungsmöglichkeiten. Westlich der Lemstersluis zwischen Nieuwedijk und Stationsweg liegt

---

[11] N52°50.317' E5°42.464' (52.83862, 5.70773)

ein Einkaufszentrum mit zwei Supermärkten und einer Reihe kleinerer Geschäfte, wo man sich hervorragend mit Lebensmitteln und Artikeln des täglichen und maritimen Bedarfs ausstatten kann.

Leider brauchen wir nun nichts mehr, denn unsere Reise ist zu Ende. Schade.

Tot ziens, Fryslân!
Bis zum nächsten Jahr!

Anhang

Unsere Route

Für die unten skizzierte Route braucht man sicherlich länger als eine Woche. Es empfiehlt sich daher, die Strecke je nach Besichtigungsintensität in den Städten und den Verweildauern an schönen Liegeplätzen in Etappen einzuteilen, so dass das Programm durchaus für mehrere Bootsurlaube ausreichen kann.

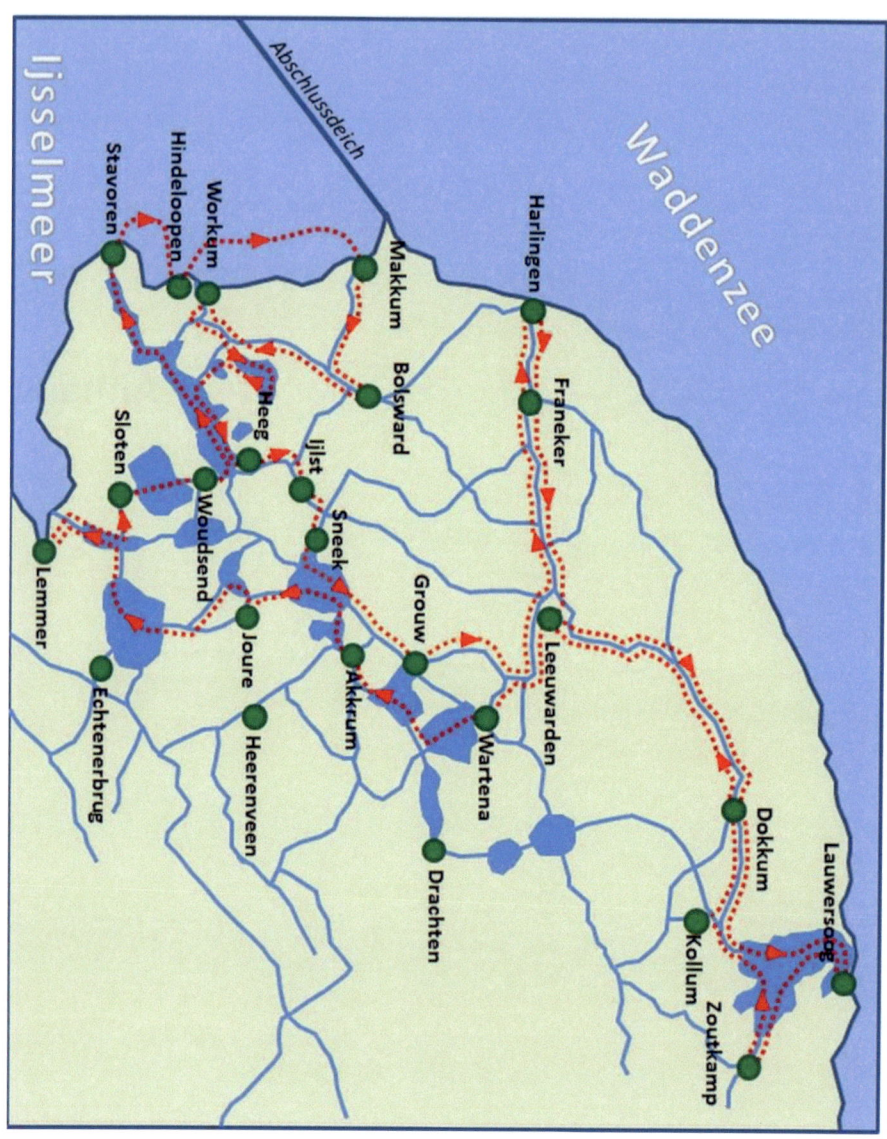

Zweisprachiges Friesland

Die Friesen haben eine eigene Sprache und sind stolz darauf. Das Westfriesische hat den Status einer zweiten Amtssprache. 1997 wurde die Provinz Friesland umbenannt und heißt seitdem offiziell Fryslân. Deshalb finden sich auf Orts- und Straßenschildern sowie auch auf den Wasserkarten und im Wateralmanak des ANWB Ortsbezeichnungen und Gewässernamen sehr häufig in Niederländisch und Friesisch.

Gewässer

Niederländisch	Friesisch
Bolswardertrekvaart	Boalserter Feart
Brandemeer	Brandemar
De Geeuw	Geau
De Grons	De Grûns
De Meer	De Mear
De Morra	De Morra
De Oarden	De Oarden
Dokkumer Ee	Dokkumer Ie
Dokkumer Grotdiep	Dokkumer Grutdijp
Ee	De Ie
Flakke Brekken	Vlakke Brekken
Fluessen	De Fluezen
Folkertssloot	Folkertssleat
Follegasloot	Follegeasleat
Goengahuistersloot	Goaiingahûster Sleat
Goingarijpsterpoelen	Goaiingarypster Puollen
Grietmansrak	Grytmansrak
Groote Brekken	Grutte Brekken
Groote Zijlroede	Grutte Sylroede
Grote Gaastmeer	Grutte Gaastmar
Harlingervaart	Harnzer Feart
Heegermeer	Hegemer Mar
Het Wijd	It Wiid
Hooidamsloot	Hedamsleat
Inthiemasloot	Yntemasleat
It Zouw	Sou

Niederländisch	Friesisch
Johan-Frisokanaal	*Johan-Frisokanaal*
Jutrijpervaart	*Riper Feart*
Klifrak	*Klifrak*
Koude Maag	*Kâlde Mage*
Lange Sloot	*Lange Sleatten*
Makkumerdiep	*Makkumer Dijp*
Nauwe Galle	*Neare Galle*
Noorder Oudeweg	*Noarder Alde Wie*
Oude Venen	*Âlde Feanen*
Oudegaaster Brekken	*Âldegeaster Brekken*
Peanster Ee	*Peanster Ie*
Pikmeer	*Pikmar*
Prinses Magrietkanaal	*Prinses Magrietkanaal*
Rijnsloot	*Riensleat*
Ringwiel	*Ringwiel*
Rogsloot	*Rochsleat*
Sandmeer	*Sânmar*
Scharster Rijn	*Skarster Rien*
Sitebuurster Ee	*Sitebuorster Ie*
Sloter Meer	*Sleattemer Mar*
Slotergat	*Sleattemer Gat*
Sneeker Meer	*Snitzer Mar*
Stroomkanaal	*Streamkanaal*
Terkaplesterpoelen	*Terkaplester Puollen*
Tjeukemeer	*Tsjûkemar*
Van Starkenborghkanaal	*Van Starkenborghkanaal*
Verbindingskanaal	*Verbiningskanaal*
Wargastervaart	*Wergeaster Feart*
Wide Wimerts	*Wijde Wijmerts*
Wiiddraai	*Wijddraai*
Wijde Ee	*Wide Ie*
Wijnsloot	*Weinsleat*
Workumertrekvaart	*Warkumer Trekfeart*
Woudsenderrakken	*Wâldseinster Rakken*
Woudsloot	*Wâldsleat*
Woudvaart	*Wâldfeart*
Zijlroede	*Sylroede*
Zoutepoel	*Sâltpoel*

Orte

Niederländisch	Friesisch
Bolsward	*Boalsert*
Boornszwaag	*Boarnsweach*
Birdaard	*Burdaard*
Dokkum	*Dokkum*
Echtenerbrug	*Ychtenbrêge*
Eernewoude	*Earnewâld*
Franeker	*Frjentsjer*
Grouw	*Grou*
Harlingen	*Harns*
Heeg	*Heech*
Hindeloopen	*Hylpen*
Ijlst	*Drylts*
Leeuwarden	*Ljouwert*
Oudega	*Aldegea*
Sloten	*Sleat*
Sneek	*Snitz*
Stavoren	*Starum*
Warga	*Wergea*
Warten	*Wartena*
Wijns	*Wyns*
Workum	*Warkum*
Woudsend	*Wâldsein*

Kleiner Einkaufshelfer

Nützliche Redewendungen beim Einkauf

Herr
meneer

Frau
mevrouw

Fräulein
juffrouw

Guten Morgen!
Goudemorgen!

Guten Tag!
Goedemiddag!

Guten Abend!
Goedenavond!

Sprechen Sie Deutsch?
Spreekt u Duits?

Wo sind...?
Waar zijn ...?

Wo ist ...?
Waar is ...?

Ich möchte ... haben.
Ik zou ... willen hebben.

Wo bekomme ich ...?
Waar krijk ik ...?

Geben Sie mir bitte ...
Geef me alstublieft ...

Ich brauche ...
Ik heb ... nodig.

Haben Sie ...?
Heeft u ...?

Wo finde ich ...?
Waar find ik ...?

Wieviel kostet ...?
Hoeveel kost ...?

Ja.
Ja.

Nein.
Nee.

Danke!
Dank u!

Vielen Dank!
Well bedankt!

Wie schade!
Wat jammer!

Auf Wiedersehen!
Tot ziens!

Bis bald!
Tot straks!

Tschüss!
Dag!

Lexikon für das Auffüllen der Bordküche

Der Artikel der folgenden aufgeführten Wörter ist – wenn nicht anders vermerkt – „de" (im Plural immer „de").

Gemüse und Hülsenfrüchte

Aubergine	*aubergine*	Mais	*mais*
Blumenkohl	*bloemkool*	Mangold	*snijbiet*
Bohne	*boon*	Möhre	*wortel*
braune Bohne	*bruine boon*	Olive	*olijf*
Brokkoli	*broccoli*	Paprika	*paprika*
Brombeere	*braam*	Pilze	*champignons*
Chicorée	*witlof (het)*	Porree	*prei*
Chinakohl	*Chinese kool*	Prinzessbohne	*sperzieboon*
Dicke Bohne	*tuinboon*	Radieschen	*Radijs*
Eisbergsalat	*ijsbergsla*	Reis	*rijst*
Endiviensalat	*andijvie*	Rettich	*rammenas*
Erbse	*erwt*	rote Beete	*rode biet*
Erdbeere	*aardbei*	Rübe	*biet*
Feldsalat	*veldsla*	Salat	*sla*
Fenchel	*venkel*	Sauerkraut	*zuurkool*
Gemüse	*groenten*	saure Gurke	*augurk*
Grüne Bohnen	*sperziebonen*	Schnittbohne	*snijboon*
Gurke	*komkommer*	Sellerie	*selderij*
Himbeere	*framboos*	Spargel	*asperge*
Kartoffel	*aardappel*	Spinat	*spinazie*
Kichererbse	*kikkererwt*	Spitzkohl	*spitskool*
Kidneybohne	*kidneyboon*	Stangensellerie	*bleekselderij*
Kirschtomate	*kerstomaat*	Tomate	*tomaat*
Knoblauch	*knoflook*	weiße Bohne	*witte boon*
Kohl	*kool*	Weißkohl	*wittekool*
Kohlrabi	*koolrabi*	Zucchini	*courgette*
Kopfsalat	*kropsla*	Zwiebel	*ui*
Linse	*linze*		

Obst

Ananas	*ananas*
Apfel	*appel*
Banane	*banaan*
Birne	*peer*
Erdbeeren	*aardbeien*
Grapefruit	*grapefruit*
Kirschen	*kersen*
Obst	*fruit (het)*
Orange	*sinaasappel*
Pflaume	*pruim*
Trauben	*druiven*
Weintrauben	*druiven*
Zitrone	*citroen*

Fleisch und Geflügel

Ente	*eend*
Fleisch	*vlees (het)*
Geflügel	*bevogelte (het)*
Huhn	*kip*
Kalbfleisch	*kalfsvlees*
Lammkotelett	*lamsbout*
Pute	*kalkoen*
Rindfleisch	*rundvlees*
Schinken	*ham*
Schweinefleisch	*varkensvlees*
Schweinekotelett	*varkensbout*
Speck	*spek (het)*
Würstchen	*worst*

Fisch

Aal	*paling*
Barsch	*baars*
Fisch	*fis*
Flunder	*bot*
Forelle	*forel*
Garnelen	*garnaalen*
Hering	*haring*
Kabeljau	*kabeljauw*
Lachs	*zalm*
Makrele	*makreel*
Muscheln	*mosselen*
Schellfisch	*schelvis*
Scholle	*schol*
Seezunge	*tong*
Steinbutt	*tarbot*
Thunfisch	*tonijn*
Tintenfisch	*inktvis*

Zutaten

Butter	*boter*
Essig	*azijn*
Gewürz	*spezerij*
Kapern	*kappers*
Knoblauch	*knoflook*
Margarine	*margarine*
Mayonnaise	*mayonaise*
Meerrettich	*mierik wortel*
Öl	*olie*
Petersilie	*peterselie*
Pfeffer	*peper*
Rosmarin	*rosmarijn*
Salz	*zout (het)*
Schnittlauch	*bieslook (het)*
Senf	*mosterd*

Milchprodukte

Butter	*boter*
Eier	*eieren*
Eis	*ijs (het)*
Joghurt	*yoghurt*
Käse	*kaas*
Milch	*melk*
Milchprodukte	*melkproducten*
Sahne	*room*
Schlagsahne	*slagroom*

Backwaren

Apfelkuchen	*appelgebak (het)*
Baguette	*stokbrood (het)*
Baguettebrötchen	*stokbroodje(het)*
Brot	*brood (het)*
Brötchen	*broodje (het)*
Gebäck	*gebak (het)*
Kuchen	*koek*
Obstkuchen	*vruchtentaart*
Pflaumenkuchen	*pruimentaart*
Schwarzbrot	*roggenbrood (het)*
Toastbrot	*toastbrood (het)*
Torte	*taart*
Weißbrot	*wittebrood (het)*

Zahlen

0	*nul*	10	*tien*	20	*twintig*	101	*honderdeen*
1	*een*	11	*elf*	30	*dertig*	200	*tweehonderd*
2	*twee*	12	*twaalf*	40	*veertig*	300	*driehonderd*
3	*drie*	13	*dertien*	50	*vijftig*	400	*vierhonderd*
4	*vier*	14	*veertien*	60	*zestig*	1000	*duizend*
5	*vijf*	15	*vijftien*	70	*zeventig*	1001	*duizendeneen*
6	*zes*	16	*zestien*	80	*tachtig*		
7	*zeven*	17	*zeventien*	90	*negentig*		
8	*acht*	18	*achttien*	100	*honderd*		
9	*negen*	19	*negentien*				

Maße und Gewichte

1 Stück	*een stuk*		1 Liter	*een liter*
1 Paar	*een paar*		¼ Liter	*een kwart liter*
1 Dutzend	*een dozijn*		½ Liter	*een halve liter*
1 Portion	*een portie*		1 Gramm	*een gram*
1 Packung	*een pakje*		100 Gramm	*hondert gram*
1 Flasche	*een fles*		100 Gramm	*een ons*
1 Dose	*een bus, een blik*		1 Kilogramm	*een kilogram*
1 Tüte	*een zakje*			
1 Glas	*een glas*			

Quellennachweis

Positionsangaben:

Positionsangaben und die daraus resultierenden Links sind dem Projekt OpenSeaMap (http://www.openseamap.org) entnommen. OpenSeaMap ist ein weltweites Opensource-Projekt zur Erstellung einer frei zugänglichen Seekarte. Alle Daten von OpenSeaMap stehen unter der Lizenz "Open Data Commons Open Database License (ODbL)" (http://opendatacommons.org/licenses/odbl/). Die Karten-Kacheln stehen unter der Lizenz "Creative Commons Attribution-Share Alike 2.0" (auf Deutsch: "Namensnennung unter gleichen Bedingungen") (https://creativecommons.org/licenses/by-sa/2.0/de).

Fotos und Abbildungen:

Fotos und Abbildungen von Rolf Marfeld, außer:

Fototitel (alphabetisch)	Quelle
"De Rat" in Ijlst	Rijksdienst voor het Cultureel Erfgoed / Wikimedia Commons / CC BY-SA 3.0 nl *****
Akkrum: Yoga unter der Orgel	Paulien Dijkstra, YOGA YOUR DAY AKKRUM
Chor der Martinikerk in Franeker	Ziko (Eigenes Werk) / Wikimedia Commons / CC BY-SA 3.0 nl *****
Die Riesen von Akkrum	Paul Hettinga, www. Akkrum-net
Dokkum: Der Heilige Bonifatius	Gouwenaar (Own work) / Wikimedia Commons / Public domain
Echten: Tsjûke und March	Gouwenaar (Eigenes Werk) / Wikimedia Commons / CC0*
Friese Ballonfeesten in Joure	Door Blacknight (Eigen werk) / Wikimedia Commons / Public domain
Häuschen und Aalräucherei in Zoutkamp	Hardscarf (Eigenes Werk) / Wikimedia Commons / CC BY-SA 3.0 ****
Harlingen: Blick auf Zuiderhaven	S.Möller / Wikimedia Commons / Public domain
Harlingen: De Blauwe Hand	Gouwenaar/ Wikimedia Commons / CC0*

Joure: Groene Molen	Baykedevries (Eigenes Werk) / Wikimedia Commons / CC BY-SA 3.0 ****
Joure: Midstraat	TUFOWKTM (Eigenes Werk) / Wikimedia Commons / CC BY 3.0 ***
Lemstersluis - Wahrzeichen Lemmers	H.P.Burger (Own work) / Wikimedia Commons / CC BY 3.0 ***
Lichtdurchflutete Broerekerk	Wutsje / Wikimedia Commons / CC-BY-SA-3.0 ****
Oude Venen bei Eernewoude	Baykedevries (Eigenes Werk)/ Wikimedia Commons / CC BY-SA 3.0 ****
Overtuinen in Ijlst	Ziko / Wikimedia Commons / CC-BY-SA-3.0 nl *****
Ruurd Wiersma: „De Melkvaarder" (Ausschnitt)	Rob Severein, Ruurd Wiersma Museum, Birdaard
Slauerhoffbrug in Leeuwarden	Hindrik (Own work) / Wikimedia Commons /CC BY-SA 3.0 ****
Sneek im 17. Jahrhundert	Wikimedia Commons / Public Domain
Waterpoort in Sneek	TUFOWKTM (Own work) / Wikimedia Commons / CC BY 3.0 ***
Westliche Zufahrt nach Warten	Marius Kallhardt from near Bremen, Germany (KFT-07 - 156)/ Wikimedia Commons / CC BY-SA 2.0 **
Woudvaartbrug in Sneek	H.P.Burger (Eigenes Werk) / Wikimedia Commons / CC BY 3.0 ***

Hinweise zu den jeweiligen Lizenzbestimmungen:

*	CC0	https://creativecommons.org/publicdomain/zero/1.0/legalcode
**	CC BY-SA 2.0	http://creativecommons.org/licenses/by-sa/2.0
***	CC BY 3.0	http://creativecommons.org/licenses/by/3.0
****	CC BY-SA 3.0	http://creativecommons.org/licenses/by-sa/3.0
*****	CC BY-SA 3.0 nl	http://creativecommons.org/licenses/by-sa/3.0/nl/deed.en
******	CC BY-SA 4.0	https://creativecommons.org/licenses/by-sa/4.0

179

Index

H

I

J

K

L

M

N

O

P

Die Autoren:

Rolf Marfeld:

Studium der Ökonomie in Bochum. Danach Lehre und Forschung an der RWTH Aachen. Anschließend aktiv in den Bereichen Öffentlichkeitsarbeit und Informationsmanagement bei einer Wirtschaftsförderungsgesellschaft. Reist gerne – bevorzugt in West- und Südeuropa. Bekennender Italien-Fan. Um die Jahrtausendwende hat er sein Herz für Friesland (NL) mit dem Boot entdeckt. Ist Freund von gut und kreativ zubereiteten Lebensmitteln.

Eva Lorenz:

Studium der Sprachwissenschaften in Bochum. Reist gerne – bevorzugt in West- und Südeuropa. Italien ist quasi ihre zweite Heimat. Nach anfänglichem Zögern heute erklärte Freundin von Bootsferien in Friesland (NL). Leidenschaft: Kochen, gut und so kreativ, dass sie sogar einem leeren Kühlschrank ein Menu entlocken könnte. Ihr größter Fan: der Co-Autor.

Entfernungstabelle

Entfernungen über Wasserwege mit stehendem Mast (in km) * über Ijsselmeer ** über Binnengewässer	Akkrum	Bolsward	Burdaard	Dokkum	Franeker	Grouw	Harlingen**	Heeg	Hindeloopen*	Ijlst	Joure	Leeuwarden (Abzweig)
Akkrum		27	45	54	43	8	51	21	55	17	15	28
Bolsward	27		68	77	66	31	74	15	28	10	26	51
Burdaard	45	68		9	32	36	40	61	104	57	58	17
Dokkum	54	77	9		41	45	49	70	105	66	67	26
Franeker	43	66	32	41		34	8	61	96	58	56	15
Grouw	8	31	36	45	34		42	25	59	21	19	19
Harlingen**	51	74	40	49	8	42		69	104	66	64	23
Heeg	21	15	61	70	61	25	69		34	10	14	46
Hindeloopen*	55	28	104	105	96	59	104	34		44	60	79
Ijlst	17	10	57	66	58	21	66	10	44		19	43
Joure	15	26	58	67	56	19	64	14	60	19		41
Leeuwarden (Abzweig)	28	51	17	26	15	19	23	46	79	43	41	
Leeuwarden (Mitte)	32	55	13	22	19	23	27	50	84	47	44	4
Lemmer	30	32	69	78	68	34	76	20	45	25	21	53
Makkum	37	10	77	86	77	41	85	25	19	20	60	61
Nieuwe Zijlen	66	89	21	12	52	57	60	81	117	80	78	37
Oudega	36	18	78	87	76	40	84	15	40	25	29	61
Princenhof	14	40	35	44	33	8	41	32	69	28	28	18
Sloten	28	22	35	44	69	32	77	9	51	14	19	54
Sneek	14	13	56	65	54	18	60	10	42	4	18	39
Stavoren	41	35	81	90	81	44	89	20	14	30	34	66
Warten	16	39	31	40	29	8	37	33	66	29	27	14
Workum	33	11	75	82	73	37	81	12	5	19	25	58
Woudsend	23	17	65	74	63	26	71	4	37	9	14	48
Zoutkamp	83	106	37	29	70	74	78	98	134	98	95	55

Leeuwarden (Mitte)	Lemmer	Makkum	Nieuwe Zijlen	Oudega	Princenhof	Sloten	Sneek	Stavoren	Warten	Workum	Woudsend	Zoutkamp	
32	30	37	66	36	14	28	14	41	16	33	23	83	Akkrum
55	32	10	89	18	40	22	13	35	39	11	17	106	Bolsward
13	69	77	21	78	35	35	56	81	31	75	65	37	Burdaard
22	78	86	12	87	44	44	65	90	40	82	74	29	Dokkum
19	68	77	52	76	33	69	54	81	29	73	63	70	Franeker
23	34	41	57	40	8	32	18	44	8	37	26	74	Grouw
27	76	85	60	84	41	77	60	89	37	81	71	78	Harlingen
50	20	25	81	15	32	9	10	20	33	12	4	98	Heeg
84	45	19	117	40	69	51	42	14	66	5	37	134	Hindeloopen
47	25	20	80	25	28	14	4	30	29	19	9	98	Ijlst
44	21	60	78	29	28	19	18	34	27	25	14	95	Joure
4	53	61	37	61	18	54	39	66	14	58	48	55	Leeuwarden (Abzweig)
	56	64	31	64	22	57	43	69	17	61	51	51	Leeuwarden (Mitte)
56		58*	90	34	41	11	26	33	42	32	17	107	Lemmer
64	58*		99	22	48	32	23	28,3*	48	16	26	115	Makkum
34	90	99		99	55	91	74	101	52	93	85	16	Nieuwe Zijlen
64	34	22	99		48	23	25	26	48	8	18	116	Oudega
22	41	48	55	48		39	28	52	3	44	33	72	Princenhof
57	11	32	91	23	39		18	29	40	21	6	108	Sloten
43	26	23	74	25	28	18		30	25	24	12	90	Sneek
69	33	28*	101	26	52	29	30		52	25	23	121	Stavoren
17	42	48	52	48	3	40	25	52		45	34	69	Warten
61	32	16	93	8	44	21	24	25	45		16	113	Workum
51	17	26	85	18	33	6	12	23	34	16		102	Woudsend
51	107	115	16	116	72	108	90	121	69	113	102		Zoutkamp

185

Lesen Sie auch:

Rolf Marfeld / Eva Lorenz

Friesland 2.5
Charter-und Routentipps
für flache Motoryachten
und niedrige Brücken

2. aktualisierte und erweiterte
Auflage

Herstellung und Verlag:
BoD – Books on Demand,
Norderstedt, www.bod.de
© 2024

ISBN: 9783758313578
128 Seiten, 48 Fotos, 9 Abb.
22,99 €

Auch als e-book mit aktiven Links
auf Karten und Internet-Adressen
8,49 €

Eva Lorenz / Rolf Marfeld

Gruß aus der Kombüse
101 einfache Rezepte für Boot,
Camping und Kleinküchen

Herstellung und Verlag:
BoD – Books on Demand,
Norderstedt, www.bod.de
© 2022

ISBN: 9783755795544
124 Seiten, Ringbindung
13,49 €

Auch als e-book
5,99 €